dtv
premium

JAN MELZER, SÖREN SIEG

COME IN AND BURN OUT

DENGLISCH
Der Survival-Guide

Mit Illustrationen
von Helge Jepsen

Deutscher Taschenbuch Verlag

MIX
Papier aus verantwortungsvollen Quellen
FSC® C006701
FSC
www.fsc.org

Originalausgabe 2011

Umschlagkonzept: Balk & Brumshagen
Umschlagbild: Helge Jepsen
Satz: Greiner & Reichel, Köln
Gesetzt aus der Thesis Serif 9,5/12
Druck und Bindung: CPI – Ebner & Spiegel, Ulm
Gedruckt auf säurefreiem, chlorfrei gebleichtem Papier
Printed in Germany · ISBN 978-3-423-24872-3

CONTENT

Augmented Reality

Mit jedem dieser Augmented-Reality-Zeichen im Buch können Sie Videos abrufen.

Sie benötigen dazu:

- eine Internetverbindung
- eine Webcam

Surfen Sie auf
dtv.de/ar/come_in_and_burn_out
und folgen Sie der Anleitung.

BEFORE WORD

Wissen Sie, was ein *Teambuilding Incentive* ist? Ein *Shit Point*? Ein *Twitter Backlash*? Ein *Modern Performer*? Ein *POS*, *FOH* und ein *Wasp*? Lügen ist zwecklos – Sie wissen es nicht! Und jetzt möchten Sie, dass wir es Ihnen erklären. Oder zumindest verraten, auf welcher Seite die Erklärung kommt.
Und das würden wir auch gerne tun. Aber wir wissen, wo Sie gerade sind. Im Buchladen! Sie blättern. Und dann würden Sie einfach Seite 72 aufschlagen, nachlesen und das Buch weglegen. Weil Sie es aber erst kaufen sollen, lassen wir diesen *Cliffhanger* jetzt stehen.

Okay, war nur ein Scherz! Das Buch weglegen – das ist beim Fernsehen doch das Wegzappen. Und den Moment, in dem die werberelevanten Zuschauer wegzappen – den nennen Fernsehmacher *Shit Point*. Gut, das ist nicht so wichtig. Aber ist Ihnen zufällig klar, was ein Börsenhändler unter *Shorts* versteht? Und was *Credit Default Swaps* sind? Wahrscheinlich nicht. Dabei haben die Dinger die Weltfinanzkrise ausgelöst. Es sind Wetten auf fallende Kurse. Und Ausfallversicherungen für faule Kredite. Sie wissen schon: die Kredite, die der amerikanische *Bankster* sofort weiterreicht. An die Sachsen-LB. Die es nicht merkt. Und dann für einen Euro verkauft werden muss.

Denglisch ist überall. Sogar Buchtitel sind neuerdings auf Denglisch. Zum Beispiel *Come in and burn out*. Wir finden das schlimm. Die gute Nachricht: Wir leisten Erste Hilfe! Wir übersetzen. Wir klären auf. Wir ermitteln.
Und als Erstes haben wir entdeckt: In Deutschland werden bereits 15 verschiedene Denglisch-Dialekte gesprochen! Teenies und Rock'n'Roller, Manager und Werber, Computerexperten und Soziologen sprechen nämlich alle ihr eigenes Denglisch. Daran

erkennen sie sich gegenseitig. Und halten lästige Besucher draußen. Wir tauchen mit Ihnen hinab in diese Denglisch-Universen. Am Ende können auch Sie einem arglosen Interessenten eine überteuerte Reise andrehen. Oder einen überdimensionierten Computer (Insider-Denglisch, Seite 11).

Die Denglisch-Hasser müssen wir leider enttäuschen. Wir haben nämlich entdeckt, dass es auch ganz wunderbares Denglisch gibt: zum Beispiel den *Latin Lover*. Oder die *Couch Potato*. Oder die buddhistische Weisheit: *Shit happens*. Lassen Sie uns raten: Sie sind eher nicht der *Latin Lover*. Sondern die *Couch Potato*. Shit happens! (Premium-Denglisch, Seite 205.)

Es gibt jede Menge Denglisch, das Deutsche nicht verstehen. Aber es gibt auch Denglisch, das Engländer nicht verstehen. Und dann sind da noch all die *No-Gos*, die wir nie wieder hören wollen: von *Onko-Kids* über das *Shopping-Center* bis zur Chill-out-*Lounge*. Das ist die sprachliche Vorhölle (Desaster-Denglisch, Seite 217). Wir erklären, wie es so weit kommen konnte, und haben sogar eine Überraschung für Sie. Auch wenn Sie es nicht glauben: Es war schon mal alles viel, viel schlimmer (Lost in Denglisch, Seite 225).

Ehrlich gesagt: Wir konnten uns nicht einigen. Deswegen haben wir ein Plädoyer für und eins gegen Denglisch geschrieben. Wir sind uns aber sicher, dass die Zukunft noch größere Sprachkatastrophen bringen wird. Welche genau – das erfahren Sie ganz am Schluss (Future-Denglisch, Seite 232).
Und nicht vorblättern! Hallo! NICHT vorblättern!

YO!
MAN

INSIDER-DENGLISCH

Checker chillen

TEENIE-DENGLISCH

Zugegeben: Sie nerven. Sie verbraten unser Geld für G-Star-Jeans, Alcopops und Sprachreisen, sie sind süchtig nach Handys, PCs und Spielekonsolen, und sie kriegen nicht wirklich viel auf die Reihe. Und dann heißen sie auch noch Kevin. Oder Robin. Dennoch wollen wir sie nicht *bashen*, sondern verteidigen.

Erstens: Sie haben's nicht leicht. Der Großvater demonstrierte mit Rudi Dutschke gegen Springer. Der Papa stellte sich auf dem Bonner Hofgarten den Pershing II entgegen. Und was bleibt ihnen? Wo der Chaos Computer Club schon von Stiftung Warentest empfohlen wird? Und Attac von Norbert Röttgen? Sexuell ist es auch nicht besser. Sie haben Hardcorepornos im Netz gesehen, aber noch nie ein Mädchen geküsst. Sie zögen gerne durch Londoner Clubs, leben aber bei ihren Eltern im Sauerland. Statt auf einer Harley zu *cruisen*, werden sie zum Unkrautjäten zwangsverpflichtet. Und wie bitte soll man *cool* rüberkommen, wenn man eine Niete in Sport ist, schmächtig wie Jürgen Vogel, picklig wie Heinz Strunk und in der Schule ein Total-*Loser*?

Zweitens: Sie werden unterschätzt. Denn sie haben uns einiges voraus. Sie knacken unsere Kindersicherungen. Sie beherrschen Computer und Computer-Denglisch. Sie haben das amerikanische Hip-Hop-Vokabular ebenso aufgesogen wie die Anglizismen aus der Reklame, sie entwickeln die Denglisch-Grammatik weiter und kreuzen das Ganze noch mit Turkdeutsch. Kurz: Ihr Umgang mit Sprache ist virtuos, flexibel und kreativ. Neben den Werbern sind sie der Hauptmotor der Denglifizierung. Genauso emsig erfinden sie aber deutsche Sprüche. Sie sind weder angloslav noch anglophob, und darin ein echtes Vorbild. Chillo!

>> Schlüsselbegriffe:

chatten [*tschättn*]: Äußerst langsame und mühsame Form der Kommunikation im Netz: Statt direkt oder am Telefon miteinander zu sprechen, werden im Zwei-Finger-Suchsystem kurze, inhaltsfreie Mitteilungen in den Rechner getippt, die ein anderer auf seinem Bildschirm entziffert und ebenso rechtschreibschwach beantwortet. Differenzierte Mimik wird durch standardisierte *Smileys* ersetzt. So, als würden plötzlich alle Bauern vom vollautomatisierten Trecker wieder auf Handpflug umstellen.

checken [*tschekkn*]: Allroundverb.
1. Ansehen und überprüfen (die Lage checken).
2. Herauskriegen (check it out).
3. Verstehen (ich check das nicht).
4. Unauffällig glotzen (abchecken).
5. Ansprechen und abschleppen (Mädels checken). Ein erfolgreicher Verführer ist ein derber Checker – in dieser Altersgruppe allerdings empirisch nicht nachweisbar. Umso häufiger kommt er in jugendlichen Fantasien und Selbstdarstellungen vor.

chillen [*tschilln*]: Dauerhafte Nichtbetätigung als Lebensinhalt und Daseinszweck. Philosophisch sehr nah am Buddhismus. Auch: *relaxen*. Der äußeren Form nach: Jugendliche liegen mit I-Touch, Wasserpfeife und anderen Jugendlichen irgendwo herum, bevorzugt in Parks, Gärten oder im eigenen Zimmer. Entscheidend ist die Abwesenheit von Handlungen und Absichten, von allem, was mit Anstrengung verbunden sein könnte. Chillen ist eine innere Haltung. Konsequenterweise wird jede Aufforderung durch einen Erwachsenen, den eigenen Teller abzuräumen oder die Hausaufgaben zu erledigen, mit einem hingeworfenen »Chill!« oder »Chill dein Leben!« beantwortet. Ein gelungener Film oder Song ist gechillt, chillig, voll gechillt oder übelst derbe gechillt.

cool [*kuul*]: Beim Teenager das Maß allen Handelns. Anti-Haltung zur uncool-kindlichen Begeisterung. Ziel: erfolgreiches *Checken*. Grundlage: *Chillen*. Der coole Teen täuscht eine Souveränität vor, die er weder hat noch haben kann. Das macht seine unfreiwillige Komik aus. Kevin Kumpfmüller ist eben nicht Clint Eastwood. Und Pinneberg ist nicht New York. Aber sprechen Sie ihn bitte nicht darauf an! Es versteht sich von selbst, dass Coolness den wesentlichen Bewertungsmaßstab im Pubertäts-Universum darstellt. *Movies*, *Clips*, *Songs* und *Styles* sind entweder *cool*, *in* und *gechillt* oder eben uncool, voll verpeilt und überhaupt derbe *out*.

Style [*stail*]: Die Gesamtheit des geplanten äußeren Erscheinungsbilds. Der Style macht *cool* und zeigt die Zugehörigkeit zu einer bestimmten Gruppe an. Einzelheiten des Styles wie Frisur, Deo, Brille, Parfum, Rasur, *Tattoo*, *Piercing*, Schmuck und Klamotten gewinnen dadurch immense Bedeutung. Wenn *Kids* Geld, Zeit, Ehrgeiz, Anstrengung und Energie investieren, dann in ihren Style. Ist der Style komplett, verschwindet die Energie umgehend. Der fertig gestylte Youngster geht wieder in den pflanzenähnlichen Aggregatzustand des *Chillens* über.

>> Grundwortschatz:

abturnen [*abtöanen*]: Früher: Absolvieren von Leibesübungen bis zur völligen Erschöpfung oder auch das vollständige »Abturnen« einer Gerätelandschaft. Heute: Verlieren einer Hochstimmung durch äußere Einflüsse. Zum Beispiel: Wir gewinnen ein WM-Spiel – dann kommentiert Olli Kahn. Der DJ legt Black Eyed Peas auf – und dann Phil Collins. Gegensatz: anturnen. Neuerdings auch in der Kurzform: »Turnt!«

Babe [*bäib*]: Sahneschnitte.

Buddy [*baddi*]: Kumpel. »Hey, Buddy, what's up?« – »Ey, Alter, was geht?« In Norddeutschland durch das internationale *Digger* bedroht.

burnen
[*böanen*]
Verb zu *Burner* (krasses Ding, geile Sache), jedoch mit völlig anderer Bedeutung. »Hab ihn voll geburnt!« heißt: »Den hab ich tierisch reingelegt!«

Cappie
[*käppi*]
Verniedlichungsform von Cap. Standardkopfbekleidung von Teenies vor Aufkommen der Wollmütze.

City
[*ßiddi*]
Liebevoller Begriff eines *Hip-Hoppers* für seine Stadt. → *Hood*.

crazy
[*kräisi*]
Mit Klamotten in den Pool springen! Sich Sekt übern Kopf kippen! Total verrückt! Mit anderen Worten: Bejubeln extrem spießiger Formen von Unangepasstheit.

Cyberspace
[*ßaibaspäiss*]
Hauptaufenthaltsort von Jugendlichen mit den Schwerpunkten *surfen*, *chatten*, *camen* und *Games*.

damn
[*dämm*]
Matt Damon ohne o. Und ohne Matt. Verdammt gute Erklärung!

dancen
[*dänsn*]
Amtliches Tanzen. Solche Denglizismen erklären sich immer besser, wenn man »voll am« davorhängt: »Voll am Dancen, yo, Man!«

Digger
[*digga*]
Früher: Goldsucher. Heute: (beleibter) Kumpel. Kam gleichzeitig aus den amerikanischen *Hip-Hop*-Ghettos und aus Hamburger Fitnessstudios zu uns: »Was geht, Digger, alles klar oder was?«

dissen
[*dissn*]
Ursprünglich aus dem Rap stammende Kunstform: das Gegenüber geistreich und sprachlich anspruchsvoll beleidigen. Etymologisch von Dissens. Heute kommentieren Teenies jeden

eigenen Spruch mit: »Gedisst!« Soll heißen: »Yeah, dir hab ich's gegeben, du hast ja so was von abgeloost!«

easy [*iisi*]
Alter, bleib mal locker, alles easy, nix los! → *easy-Credit*

flashen [*fläschn*]
Auf etwas anspringen. »Ich guck mir lieber 'n *Splatter-Movie* an als 'ne Liebeskomödie mit Jennifer Aniston und Ben Stiller!« wird zusammen-gedampft auf: »Ich flash nicht so auf *RomComs.*« *Cool.*

Fuck! [*fakk*]
Bayerisch: »Herrgottsakramentkruzifixnochamal!« Deutsch: »Scheiße!« Und jetzt die 100 000-Euro-Frage: Warum fluchen Amerikaner sexuell, Deutsche fäkal und Bayern religiös? Unter den zehn besten Einsendungen verlosen wir dieses Buch! Das haben Sie schon? *Fuck*!

Gameboy [*gäimboi*]
Hauptursache vorzeitiger Demenz bei Kindern und Jugendlichen.

Games [*gäims*]
Nicht: Schach, Mühle, Go oder Fußball. Sondern: Spiele, deren Handlung auf einem Rechnerbildschirm stattfindet. Mit minimalen Fingerbewegungen ballert der Spieler gegnerische Figuren ab. Verbindet in idealer Weise das Bedürfnis nach größtmöglicher *Action* mit geringstmöglicher Anstrengung.

Gangsta [*gängsta*]
Gangster mit orthographischen Problemen.

gimme five [*gimmi faif*]
Schlag ein! Entwickelte sich vom Begrüßungsritual zur Begrüßungskunst in einhundert verschiedenen *Styles*.

Honk
[*honnk*]
Amerikanisch: Schrei der Wildgans. Deutsch: Abkürzung für »Hauptschüler ohne nennenswerte Kenntnisse«.

joinen
[*dscheunen*]
Einer Gruppe beitreten, um Marihuana zu konsumieren.

Limit
[*limmit*]
»Ich bin am Limit«, sagt ein Jugendlicher, der eine halbe Stunde Hausaufgaben gemacht hat. Um danach acht Stunden *Gameboy* zu spielen.

Moves
[*muufs*]
Bewegungen beim freien Tanzen im Gegensatz zu den nervigen Schrittfolgen in der Tanzschule. Ändert nichts daran, dass Standardtanz hundert Mal kommunikativer ist. Unser Rat an alle Zehntklässler: Lernt Walzer! Frauen lieben Männer, die sie durch den Raum schaukeln können.

Peace!
[*piiß*]
Früher: Frieden. Heute: Allseitig verwendbares Substantiv. Bedeutet wahlweise »Hallo!«, »Tschüss!«, »Beruhig dich!«, »Ist mir egal«, »Entschuldigung« oder »Vielen Dank!«. Oder etwas ganz anderes. Peace!

phatt
[*fett*]
Früher: toll! Ganz früher: prima!!

Piercing
[*piassing*]
Verstümmelung des eigenen Körpers im verzweifelten Wunsch, zu einer Gruppe zu gehören. Nachfolger des »Schmiss« bei studentischen Verbindungen. »Die Ärzte« sagen dazu: »An deinen Lenden hängt ein Tempel / beschütze ihn und deinen heil'gen Stab / Statuiere ein Exempel! / Erklär dem Piercing-Studio den Dschihad!«

prepaid
[*priipäid*]
Handy ohne Einzugsermächtigung. Einzige Chance für Eltern, vom kabellosen Fernsprech-

verbrauch ihrer *Kids* nicht in die Privatinsolvenz getrieben zu werden.

relaxen [*riiläkksn*]
Althochdeutsch für *chillen*. Sehr 80er.

Respect [*riispäkkt*]
»Nur Religionen und schlechte Rapper fordern Respekt!« Karen Duve

sexen [*ßäkksn*]
Auch: rumsexen. Teenie-Ausdruck für: Sex haben. Mal ehrlich: Bessere Wörter haben wir auch nicht. Oder was haben bitte Amseln und Spatzen damit zu tun?

Slang [*släng*]
Die Verwendung von falschem Deutsch, um die Zugehörigkeit zu einer *Peergroup* zu signalisieren.

sprayen [*spräien*]
Selten: zeitgenössische Kunstform. Sonst: Hilfloser Versuch, mittels Sachbeschädigung auf sich aufmerksam zu machen, um das schwach ausgebildete Ego aufzupusten.

Sticker [*stikka*]
Aufkleber mit der verschlüsselten Botschaft: Hey, seht ihr – eigentlich bin ich ein *Comedian*!!

tight [*tait*]
Eigentlich: dicht, fest, eng, streng oder knapp. Jugendliche verwenden das Wort allerdings völlig

anders, nämlich im Sinne von krass, geil, super oder porno. Steigerung: ultratight!

>> Aufbauwortschatz:

abflashen [*appfläschn*]	Tierisch abgehen.
asap [*asapp*]	As soon as possible. Täuschungsmanöver im SMS-Verkehr. Eigentliche Bedeutung: »Ich finde dich nicht interessant und werde mich nicht mehr bei dir melden!« Ältere Form: »Ciao, wir telefonieren!«
bam [*bääm*]	*Cool*. Aber noch deutlich cooler als cool. Also: bam!
batteln [*betteln*]	Nicht: Beantragen staatlicher Hilfsgelder für überschuldete Banken. Sondern: Kräftemessen zwischen *Rappern*. Substantiv: Battle. Schön inszeniert im Finale des Eminem-Films ›8 Mile‹.
camen [*kämmen*]	»Lass ma camen!« ist keine Aufforderung zum Frisieren, sondern meint: »Lass uns mal mit unserer Digicam chatten!«
Clubbing [*klabbing*]	Um die Häuser ziehen. Grammatisch wegweisende Form (→ Outlook Seite 236).
crank [*kränk*]	Krank, idiotisch, bescheuert. Standardantwort auf eine Leistungsaufforderung: »Das ist doch voll crank!«
cranker Shit [*kränka schitt*]	Kranke Scheiße. Höchstes denkbares Lob.

crunchen [*krantschn*] — Zubereitungsform von Haschisch: »Das Weed wird gecruncht. Heraus kommt Bobel«, erklärte uns ein 14-Jähriger. Bitte nicht zu Hause ausprobieren!

Cybermobbing [*ßaibamobbing*] — Netzhänseln. Schon wieder so was, gegen das man nichts unternehmen kann. Doch: zurückhänseln!

Dope [*doop*] — Auch *Pot*. Mittel zur Beseitigung der letzten messbaren Spuren von Denkvermögen. Wirkt außerdem extrem verlangsamend.

Ego-Shooter [*igo-schuuta*] — Alles abknallen, was einem vor die Birne kommt. Also, virtuell. Leider manchmal auch in echt (Erfurt, Winnenden, Boizenburg).

fuck off [*fakk off*] — Empfehlung, einen anderen Ort aufzusuchen.

Game over [*gäim ouwa*] — Wie die Vollbeschäftigung: Zustand, der nie eintritt.

Games Convention [*gäims konventschn*] — Woodstock für Unmusikalische.

Homebase [*hoombäiss*] — Früher: Heimatstützpunkt eines Soldaten. Heute: extrem *coole* Antwort auf die Frage, wo man herkommt: »Na ja, meine Homebase ist Bad Salzufflen.«

Hood [*hudd*] — DortwoallemeineMützetragen (Paul Young: »Wherever I lay my hat, that's my home.«). Hat sich aus dem altdeutschen »Hut« über Mütze zum Kapuzenpulli (hooded Sweater) entwickelt.

House Party [*haus paadi*] — Früher: Tanzveranstaltung mit der Musikrichtung House. Heute: Party, die zu Hause stattfindet. Wird ohne Artikel verwendet: »Lass ma House Party gehn!«

Jumpstyle [*dschampstail*]
Paradox: volkstanzartiges Hüpfen zum Zwecke des Coolseins.

lash [*läsch*]
Steigerung von *stoned*. »Bist du lash?«, fragt ein Marihuana-Konsument in Zeitlupe seinen zum absoluten Stillstand gekommenen *Buddy*.

Motherfucker [*masafakka*]
Höchster Tadel oder höchstes Lob (wie in »You sexy Motherfucker!« von Prince). Die deutsche Übersetzung hat sich bei uns nicht eingebürgert.

nice [*naiss*]
Abgefahren. Krass. Steigerungsform: übertriebenst nice!

old school [*ould skuul*]
Amtlich abgehangen. Kompliment für traditionsbewusstes Stilverhalten.

one'one [*wanwan*]
Kampf Mann gegen Mann. Zum Beispiel Türsteher gegen Russlanddeutschen.

shaken [*schäikn*]
Götterspeiseartige Bewegung von Körperfettgewebe. Manchmal missverstanden als »tanzen«. In jedem Fall Anlass für Fremdschämen.

spacy [*späissi*]
Stylish, gelungen. In Verbindung mit Kevin: Schauspieler, der in ›American Beauty‹ eindrucksvoll demonstriert, wie albern Erwachsene wirken, die wieder 16 sein wollen. Die Zuni-Schamanen sagen: »Wie alt die Menschen auch werden, die meisten von ihnen sterben in der Pubertät.«

stoned [*stound*]
Bekifft. Der letzte Drogenbericht der Bundesregierung sagt, dass nur noch jeder 30. Jugendli-

che diesen Zustand kennt. *Buddies*, was geht? Das ist doch *crank*!

Tag
[*tägg*]

Reviermarkierung. Jugendliche sprayen eine stilisierte Form ihres Namens auf alles, woran sie vorbeikommen. Schade um die schönen weißen Fassaden.

wayne
[*wäin*]

Der Eigenname des amerikanischen Westernschauspielers hat sich in ein Adjektiv verwandelt: »Is mir wayne!« bedeutet: »Ist mir egal!« Kommt aber deutlich gechillter rüber.

>> Konversationshilfe:

Jugendliche beherrschen die Kunst der fast nonverbalen Kommunikation in Vollendung. Sie benötigen keine Grammatik, weil sie mit ein bis drei Wörtern pro Satz auskommen. Das Wesentliche bleibt ungesagt, vermittelt sich aber trotzdem. Wie das Chillen der Transzendentalen Meditation nahekommt, so erinnern ihre chiffrierten Formelsätze an die Sprechweise Lao-tses: alles Überflüssige weglassen, die Sätze so lange verdichten, bis Sprechen in Schweigen übergeht.

Peace!
Hallo Gerrit, na, wie geht's, alles gut? Haben deine Eltern dich jetzt tatsächlich rausgeworfen?

Alles cool.
Nee, mein Vater ist grad arbeitslos geworden und meine Mutter hat 'ne Parship-Affäre, die haben ganz andere Sorgen.

Babes am Start?
Tja, und was machen wir jetzt heute Abend? Was ist mit Jessica und Michelle, wollten die nicht vorbeikommen? Haben die sich schon bei dir gemeldet?

Chillo!
Nee, leider noch nicht, ich warte schon seit über 'ner Stunde auf den Anruf! Nicht mal 'ne SMS ist gekommen! Die sind aber auch dermaßen unzuverlässig! Stattdessen hat Ole schon zehn Mal angerufen, dieser Oberlangweiler, ich konnte ihn grade so abwimmeln.

Yo, Man!
Ein Glück! Ole – den kann ich ja überhaupt nicht leiden! Dann müsste ich mir schon wieder irgend 'ne blöde Ausrede ausdenken, um dem abzusagen!

Check den Flow.
Tja, was soll man machen? Heut Abend sind »Die Ärzte« im Stadtpark, aber ich hab keinen Cent mehr. Man könnte sich höchstens auf die Wiese daneben setzen und zuhören. Auch ziemlich frustrierend. Vielleicht bleiben wir einfach hier liegen und warten, ob Michelle oder Jessica nicht doch noch anrufen.

Alles fresh?
Mann ist das langweilig. Bloß rumhängen. Unglaublich öde. Na ja. Aber immer noch besser als arbeiten. Felix macht diesen Job als Prospektverteiler. Das nervt erst! Überall klingeln und keiner macht dir auf! Für 0,2 Cent pro Prospekt! Da bleibt einem nachher nichts anderes übrig, als den ganzen Schrott in den nächsten Altpapiercontainer zu werfen. Was für Musik hörst du da eigentlich?

Check it out!
Die neue CD von »Silbermond«. Geht so, würd ich sagen. Die frühen Scheiben waren halt deutlich besser. Hör doch einfach mal kurz rein!

Übertriebenst nice!
Sag mal – das ist doch super! Da krieg ich ja 'ne Gänsehaut! Wahnsinn, diese Stimme! Das lad ich mir nachher gleich mal runter.

Chill, Digger. Peace!
Weißt du was, das wird mir doch zu langweilig hier. Ich zieh weiter in den Stadtpark. Vielleicht sind Jessica und Michelle ja dort. Chris hatte angedeutet, dass er da hin will, und auf diesen Vollproll fahr'n die leider total ab. Wenn du Lust hast, kannst du ja mitkommen. Oder du kommst nach! Bis dann!

BIG DADDY

Biker cruisen

MAN-DENGLISCH

Männer haben nicht viel zu melden. Jedenfalls nicht, sobald Frauen dazukommen. Frauen wählen den Partner. Frauen richten die Wohnung ein. Frauen treffen die Kaufentscheidungen. Frauen suchen die Kindernamen aus. Oder glauben Sie, ein Mann würde sein Kind Ole-Alexander nennen? Oder Sophie-Yvette? Selbst die Fernbedienung haben die Männer aus der Hand gegeben. Mit schlimmen Folgen. Seitdem senden die TV-Verantwortlichen nämlich nur noch Formate, die sie für frauenkompatibel halten: Talkshows. Arztserien. Public Dinner Cooking.

Was bleibt uns? Baumarkt, Fußball, Motorradclub. Letzte Männerwelten, von denen dieses Kapitel Zeugnis ablegt. Aber seien wir ehrlich: viel ist nicht zusammengekommen. Denn Männer reden ohnehin nicht gern (Standarddialog: »Und?« – »Und selbst?«). Und wenn, dann im Fachjargon, den wir in anderen Kapiteln erläutert haben (IT-Denglisch, Rock'n'Roll-Denglisch, Sport-Denglisch). Oder, wie Teenies, in der Kunstform des prägnanten Spruchs. Also: Moinsen! Und tschüss.

>> Schlüsselbegriffe:

Biker [*baika*]: Jemand, der durch Barttracht, Kleidung, Sprachwahl und Tätowierungen nahelegt, dass er sozusagen hauptberuflich Motorrad fährt, obwohl er damit keinen Cent verdient. Tatsächlich reicht die Bedeutung weit über die eines bloßen Berufs hinaus. Biker sein ist Berufung. Die Motorradmarke Religion. Die Kutte ein heiliges Gewand. Die Ausfahrten Pilgertum. Die Bikertreffen heidnische Zeremonien. Der Bandenkrieg zwischen den Hell's Angels und den Bandidos zeigt im Übrigen: Manche Biker können tatsächlich davon leben. Die restlichen sonnen sich in deren Glanz, auch wenn sie nur eine Zündapp fahren.

Camcorder [*kämmkoada*]: Lebensabschnittspartner von Männern auf Familien- und Schulfesten. Männer sind von Natur aus unsicher, gerade im sozialen Kontakt. Umso besser, dass es Fotoapparate gibt. Noch besser: Filmkameras. Hinter denen kann Mann sich während der gesamten Feier verstecken. Eine Kontaktaufnahme mit Anwesenden entfällt. Die Namen kann er sich sowieso nicht merken. So sieht man bei Einschulungen 30 Kinder auf der Bühne, 90 weinende Mütter und Omas in den Sitzreihen und 160 Väter, Großväter und Onkel, die mit ihren Digicams am Rand, im Gang und in der letzten Reihe stehen, um sich die Filme nachher gegenseitig zuzumailen. Im Übrigen idealer Ausgangspunkt, um doch noch jemand kennenzulernen: »Pictbridgefähig?« – »Nee. Aber 1-GigaByte-SD.«

Home-Cinema [*hoom-ßinnema*]: Nachfahre des Fernsehers. Eine Art elektronischer Uterus, in den sich der gebärunfähige Mann gerne zurückzieht. Mit den technischen Einzelheiten kann er sich lebenslang beschäftigen: Hat die Anlage Virtual Surround, Bass Reflex Subwoofer, Digital Tuner, Slot-Einschub und Progressive Scan? Wie hoch ist der Digital-Zoom-Faktor? Und wie viel Watt haben die Center-Lautsprecher? Dagegen ist der abgespielte Film nebensächlich. Entscheidend ist das akustische und visuelle Eingelulltsein, das Zurückziehen ins Stammhirn, das Jugendliche *chillen* nennen.

Midlife-Crisis [*midlaif-kraisis*]: Plötzlich auftretende psychische Störung, die an sich geistig gesunde Männer dazu bringt, sich von Frau und Familie zu trennen, in einen Verschlag am Stadtrand zu ziehen, ein Verhältnis mit der 30 Jahre jüngeren Fitnesstrainerin anzufangen, sich eine *Harley* zu kaufen und einmal die Pan-American von Alaska nach Feuerland runterzufahren. Früher beschränkt auf Männer in den 40ern. Beginnt heute direkt im Anschluss an die Quarterlife-Crisis mit 25 und endet mit dem Rentenalter, sofern dieses erreicht wird (→ *Workaholic*).

Workaholic [*wöakahollik*]: Hier kommen wir zum männlichen Grundproblem: Wir können keine Kinder kriegen! Also, was bleibt uns übrig? Arbeiten. Sehr viel arbeiten. Das erfüllt gleich drei Funktionen: 1. Wir schaffen etwas, das uns überlebt: ein Haus, ein Computerspiel, eine neue Kaugummisorte. 2. Wir hoffen, dadurch sehr viel Geld zu verdienen. Um damit auszugleichen, dass uns das fehlt, worauf Frauen so abfahren: Charme, Witz, Souveränität. 3. Mama fand es immer schon gut, wenn wir fleißig waren. Dumm nur: Selbst wenn wir eine Frau und Kinder ergattert haben, kriegen wir sie dann nicht mehr zu sehen. Und sterben mit 58 am Herzinfarkt. Zum Glück sind aber nicht alle Männer Workaholics. Die anderen sind Alcoholics. Die sterben noch früher.

>> Grundwortschatz:

Carport [*kaapoat*]: Unterstand, in dem die Nachbarn das teure Teil jederzeit sehen können. Trotzdem war die Garage besser. Oder können Sie sich eine »Carport Band« vorstellen?

Clown [*klaun*]: Abwertende Bezeichnung für einen Mann, der mühelos Frauen zum Lachen bringt. Tja, Freunde, ihr kriegt das nicht hin? Dumm gelaufen!

Coming-out [*kamming-aut*]: Guido Westerwelle hat es hinter sich. Christian Lindner hat es noch vor sich. Das führt uns zu den drei Grundfragen des Lebens: Was passiert mit unserer Seele nach dem Tod? Bestimmen Sterne unser Schicksal? Und: Gibt es Heterosexuelle in der FDP?

Cowboy [*kauboi*]
Ältester nachweisbarer Anglizismus. Und was ist jetzt *cooler* – Cowboy oder Kuhjunge? Eben.

cruisen [*kruusn*]
Sehr langsames, zielloses Reisen. Manchmal mit großen, gepimpten amerikanischen Fahrzeugen mit verstellbaren Stoßdämpfern.

Daddy cool [*däddi kuul*]
Vater, der nicht jedem Wunsch seiner Tochter bei der ersten Bitte nachgibt. Vor etwa hundert Jahren ausgestorben.

DJ [*dii dschäi*]
Der Mann am Plattenteller. Rollenvorbild Nr. 1: Er macht die Schnitten klar. Grund, warum sich alle Männer eine riesige Musiksammlung zulegen. Nur ohne das erhoffte Ergebnis. Denn Frauen wollen tanzen. Aber sie interessieren sich nicht für Musik.

Gamepad [*gäimpätt*]
Ich empfehle das Logitech Cordless Rumblepad 2: zehn programmierbare Tasten, vier Auslöser und ein präziser 8-Wege-Richtungsblock mit zwei analogen Mini-Sticks. Hallo Frauen, wisst ihr überhaupt, wovon wir reden? Pech gehabt!

Harley [*haali*]
Aufgebrezeltes Motorrad für Männer, die unter einer schweren Form der *Midlife-Crisis* leiden.

Ironman [*airenmän*]
3,86 km schwimmen. 180,2 km Rad fahren. Und dann noch mal 42,195 km laufen. Direkt hintereinander. Was ist das: Sport? Idiotie? Selbstmord? Aber bevor wir jetzt auf den Männern rumhacken: Frauen machen das auch. Nur etwas langsamer.

James Dean [*dschäims diin*]
Rollenvorbild Nr. 2: ungeliebter Sohn. Klein, schmächtig, abgewiesen. Aber Wahnsinnsfrisur und lässige Kippe. Verlierer mit Stil. Hat Ewigkeitswert.

Jeans [*dschiins*]
Kleidung amerikanischer Bahnarbeiter. Da Männer grundsätzlich nicht wissen, was sie anziehen sollen, haben sie sich weltweit auf dieses Modell aus dem vorletzten Jahrhundert geeinigt. Die Bahnstrecken sind längst stillgelegt. Die Hosen sind noch da. Wie nennt man eine Mode, die 200 Jahre hält?

John Wayne [*dschonn wäin*]
Rollenvorbild Nr. 3: dumpfbackig, aber zielstrebig. Ländlich statt intellektuell. Zerknautscht statt gepflegt. Colt in der Linken, Winchester in der Rechten. Reitet einsam durch die Prärie und kommt mit zwei Wörtern aus: »Let's go!« Aber wie und wo soll man das nachmachen? Im Landkreis Gifhorn?

Loser [*lusa*]
Im Grunde jeder Mann. Selbst John Wayne musste sich für seine letzten Rollen quälenden Schönheitsoperationen unterziehen. James Dean hat nicht lange etwas von seiner Frisur gehabt. Und glauben Sie, der DJ ist glücklich mit den volltrunkenen Blondinen, die sich ihm um 4 Uhr morgens an den Hals werfen?

Manager [*männädscha*]
Paradox aus der Wirtschaft: Jemand, der nichts gelernt hat und dafür hoch bezahlt wird. Im *Rock'n'Roll* auch dummdreiste Masche, um Frauen ins Bett zu kriegen: »Ich gehöre nicht zur Band. Die Band gehört mir!«

One-Night-Stand [*wan-nait-ständ*]
Hauptlebensziel von Männern jeden Alters: EINMAL mit einer Frau schlafen.

piss off
[*piss off*]
Bitte nicht im Stehen pinkeln. Dauererniedrigung des zeitgenössischen Mannes.

Quickie
[*kwikki*]
Männersex. Meistens unfreiwillig.

Rafting
[*raafting*]
Rührender Versuch, sich einmal im Leben so zu fühlen wie Tom Sawyer und Huckleberry Finn. → *Midlife-Crisis*.

Rock on!
[*rokk onn*]
Mit freundlichen Grüßen.

Rushhour
[*rasch aua*]
Da stehen wir Männer jeden Tag drin. Stoßstange an Stoßstange. In Fahrzeugen, die fast Lichtgeschwindigkeit erreichen können, müssen wir uns von Fußgängern überholen lassen. Und da wundert sich noch jemand über unsere cholerischen Ausfälle?

Science-Fiction
[*ßaiens-fikschn*]
Superheld rettet weit in der Zukunft die Welt mit sehr viel Technik vor bösen Mächten. Neben Elektronikversandkatalogen das einzige Literaturgenre, für das Männer sich interessieren. Der reale Krieg unserer Zeit sieht allerdings anders aus: keine Helden, keine Rettung, 90 % zivile Opfer. → *Make Love not War!*

Single
[*ßingl*]
Von Ehemännern angestrebte Lebensform mit dem Ziel, eine Ehe einzugehen.

Sixpack
[*ßikkspäkk*]
Früher: straffer Bierverbund. Heute: durch Fotoshop hergestellte Muskelanordnung im Bauchbereich auf dem Titelbild von *Men's Health*.

Slowfox
[*sloufokks*]
Schlauer Fuchs. Jemand, der einen Tanzkurs belegt hat und dadurch auf Festen nicht betrunken am Rand der Tanzfläche verharren muss.

Sweatshirt [*swättschöat*]	Andere Leute benutzen dafür Deo.
Womanizer [*wumenaisa*]	Gerd Schröder. Björn Engholm. Willy Brandt. Nicht: Kurt Beck oder Sigmar Gabriel. Früher war alles besser!
Work-Life-Balance [*wöak-laif-bällenns*]	Haha! Guter Witz!
Youporn [*jupoan*]	Beliebtes Ausflugsziel beim *Surfen*. Man kann dort viele kurze Filme sehen, die sich alle sehr ähneln. Dennoch kommen jeden Tag neue Filme dazu. »Vivaldi hat nur ein Konzert geschrieben. Aber das 600 Mal.« (Igor Strawinsky)

>> Aufbauwortschatz:

Aftershave [*aftaschäif*]	Missverständlicher Anglizismus. Früher einziges Männer-Kosmetikprodukt. Früher! Heute nutzt schon jeder Sechste *Anti-Aging*-Cremes.
Carstyling [*kaastailing*]	Was ist schon Haarstyling gegen Carstyling! Neon-Leuchtstäbe im Kofferraum, blau leuchtende Handbremsencover, LED-Innenraum-Spot fürs Handschuhfach und Dashboard-Lamp zum Lesen. Wenn dann noch das Autoteppichset »Riffelblech« dazukommt – *wow!*
Flatscreen [*flättskriin*]	Sehr flach. Sehr groß. Sehr teuer. Und der einzige Grund für Männer, sich zu Hause aufzuhalten. Dass der Bildschirm flach ist, hat rein gar nichts mit den Programmen zu tun.
High-End-Cinchkabel [*haiend-ßintsch-*]	Frauen schwärmen von der Poesie einer Orchidee. Männer brauchen dafür nur ein Radiokabel: »Paarweise verdrillte Adern für Signal und Mas-

se werden zusätzlich abgeschirmt durch Alufolie und Kupfergewebe. Die Chromstecker haben vergoldete Kontakte, die innen kunststoffvergossen sind.« Noch Fragen?

Hightech
[*haitekk*]

Was kauft ein Mann und warum? 1. Es ist der Testsieger. 2. Es steht »Hightech« drauf. Oder »Highpower« oder »High-End«. Die Begriffe sind frei verfügbar. Sie können sie überall draufschreiben, und Sie sollten das auch tun – sie rechtfertigen jeden Mondpreis.

Lions Club
[*laiens klabb*]

Bei einem Treffen des Rotary Clubs saßen die Chauffeure vorm Eingang und warteten. Und warteten. Und gründeten aus Langeweile – den Lions Club. Diese Geschichte haben uns viele Rotarier verbürgt. Übrigens: Bei Rotary gibt es mittlerweile eine Frau! Jetzt muss man zum Kickboxen gehen, um mal unter sich zu sein.

Men's Health
[*menns hälls*]

Deutsche Männerzeitschrift mit vier abwechselnden Titelgeschichten:
a) *Sixpack* in neun Tagen!
b) 55 Finanztipps für Ihr Depot!
c) 111 Sextipps, die SIE verrückt machen!
d) Der neue Porsche SL 700 – Fliegen auf Rädern!

Mini-Truck
[*mini-trakk*]

»Machen Sie Ihren Esstisch zum Trucker-Highway! Im Maßstab 1:87 bewegen Sie Ihren Mini-Truck spielerisch um riesige Hindernisse wie Kaffeetassen, Wassergläser oder Suppenlöffel. Die 2-Kanal-Funkfernsteuerung macht's möglich.« Dieses Angebot aus dem Conrad-Katalog richtet sich an erwachsene Männer.

No Risk, no Fun!
[*nou risk nou fann*]

Ziemlich blöde Ausrede für Männer mit Angst vor Kondomen.

Pin-up-Girl [*pinn-app-göal*]
50er-Jahre-Anglizismus. Künstlerische Fotografie im Spind gedemütigter Wehrpflichtiger.

Shorts [*schorz*]
Zu heiß gewaschene Hose. Die Waschmaschine bleibt Männern ebenso ein Rätsel wie der G-Punkt. Nicht zu verwechseln mit dem gleichlautenden Begriff aus dem Börsenhandel (→ S. 58).

Skin [*skinn*]
Gewalttätiger Glatzkopf ohne Gehirn. »Der Skin heißt Skin, weil er haut. Er weiß das aber nicht, weil er kein Englisch kann.« (Thomas Reis)

Striptease [*stripptiis*]
Die Männerfantasie schlechthin. Und eine geniale englische Wortschöpfung aus strip *(ausziehen)* und tease *(reizen, necken)*. Die kürzeste deutsche Form wäre: kunstvolle erotische Entkleidung. Und jetzt übersetzen Sie mal Strip-Poker!

SUV [*suff*]
Sports Utility Vehicle. Zu groß geratene Protzkiste für Schusselige, die ihr Fahrzeug gerne mal verlegen. Könnte bis nach Bagdad durchbrechen, tut es aber nicht. Egal: Das Gefühl des eigenen Schützenpanzers ist unbezahlbar. Und sei es nur für die Fahrt zum nächsten Aldi. Da stören auch die 20 Liter auf 100 Kilometer nicht.

Trike [*traik*]
Nein, das ist zu schlimm. Ein absolutes *No-Go*. Für Motorradfahrer, die Angst vorm Umfallen haben. Es hat drei Räder!

>> Konversationshilfe:

Überflüssig. Ganz ehrlich: Versuchen Sie's gar nicht erst. Stellen Sie sich einfach schweigend dazu. Zünden Sie sich eine Zigarette an. Das reicht vollkommen.

XXL
YES!
SALE
SHOP

Chicks shoppen

LADY-DENGLISCH

Sprechen Frauen überhaupt Denglisch? O.k., Frauen sind sprachbegabter als Männer. Schon von Geburt an beherrschen sie vier oder fünf Sprachen. Das verdanken sie dem *Multitasking*. Dazu *smsen* sie in einer sechsten, gucken nebenbei Fernsehen und schälen ein paar Mohrrüben für den Salat nachher. Es ist beeindruckend. Vielleicht haben sie es deshalb auch gar nicht nötig, uns mit Denglisch zu quälen.

Ist Denglisch also ein vorwiegend männliches Phänomen? Weit gefehlt: Bei unseren Recherchen im fremden, aufregenden und verwirrenden weiblichen Kosmos sind wir auf erstaunlich viele Begriffe gestoßen.

Woran liegt das? Vielleicht an den Männern, die diese so zahlreichen Produkte für Frauen herstellen? Und glauben, dass Frauen auf einen *Neckholder-BH* genauso reagieren wie Männer auf einen Power-Drive-Expander? Oder liegt es an ›Sex and the City‹? In wahre Denglisch-Vestalinnen verwandeln sich Frauen allerdings, wenn es um Religion geht. Genauer: um Wohlfühl-Religionen. Um Innerwelt-Surfen, *Shapeshifting* und Past-Life-Erleben. In Gospelchören gibt es immer einen Frauenüberschuss? Eben. Amen [*äimen*].

>> Schlüsselbegriffe:

Bitch [*bittsch*]: Besser aussehende Konkurrentin.

Body [*boddi*]: 1. Körper. Problemzone. So denkt die Frau. Was für ein Quatsch! Wir Männer finden euch schön. Meistens reicht uns eine einzige schnuckelige Stelle zum Verlieben. Die Schulter, die Augen, der Bauch, der A… Bedenket: Die Männer sind nicht multitaskingfähig und wären mit einem Überangebot an makellosen Stellen überfordert. Im Ernst! Das Wort »Body« wird leider immer im Zusammenhang mit »perfekt« benutzt. Das Supermodel Elle McPherson wurde »the Body« genannt. Insofern: Weg mit diesem Denglizismus, wir lieben eure schönen Körper! 2. Kleidungsstück. Gerüchten zufolge ist der Body ein Vorprodukt bei der Unterhemd- und Schlüpfer-Herstellung: Er muss eigentlich noch auseinandergeschnippelt werden (ähnlich werden aus Badeanzügen Bikinis hergestellt).

Candle-Light-Dinner [*kendl-leid-dinna*]: Kerzenscheinschmaus. Höherer Meistergrad des *Dates*. Hier tut sich ein interessantes Paradox auf: Obwohl den Männern intellektuell um Lichtjahre überlegen, lassen Frauen sich dennoch unfassbar leicht von den mühsam angelernten Billigtricks der Jungs begeistern. Der Mann stellt Kerzen auf, verstreut ein paar Rosenblätter und kocht schweißgebadet irgendwas Vegetarisches, dazu Prosecco. Das Problem ist nur das *Timing*: So etwas darf Mann nur beim fünften Date! Oder war's das achte? Verdammt!

Date [*däit*]: Beziehungsanbahnendes Fresstreffen. Auch: beziehungsanbahnendes Lichtspieltreffen und beziehungsanbahnendes Tanztreffen. Nicht: beziehungsanbahnendes Briefmarkenzeigetreffen. Puh, ist das schwierig! Wichtigste Kampftaktik im Krieg der Geschlechter. Was Männer nicht wissen: Frauen haben für Dates ein jahrtausendealtes Ritual, das nur von Frauenmund zu Frauenohr weitergegeben werden darf. Die katholische Kirche (nur Männer) vermutete dahinter etwas Satanisches und ließ wahllos Frauen als Hexen verbrennen. Half aber alles nichts: Noch heute wird jeder weibliche Teenie von seiner Clique in die

Geheimnisse von »erstes Date«, »zweites Date«, »drittes Date« etc. eingeweiht, während die Männer nach wie vor komplett unsicher mit einer verwelkenden Blume im Regen unter einer alten Laterne stehen und sich fragen, woran es wohl liegen könnte, dass sie jetzt nicht mit der Traumfrau in der Kiste gelandet sind.

>> Grundwortschatz:

Boxershorts [*bokksaschorz*]
Weibliche Erregung hemmende Unterbekleidung für Männer.

Chicks [*tschikks*]
Auf Deutsch eine Beschimpfung (Hühner!), auf Denglisch eine das Äußere lobende Zusammenfassung für ein Rudel Mädels. Inzwischen kommt auch das spanische »Chickas« in Mode. Wartet da ein Spenglisch-Buch auf uns?

Dating [*däiting*]
Sammeln von Erzählstoff für das spätere Treffen mit den Mädels.

durchgestylt [*-geschdailt*]
Mit *Sunglasses*, *Eyeliner*, Lipgloss, Gel-push-up, Shaping-Body, *String* und *High Heels* getuned bzw. gepimpt (→ *tunen*, *pimpen*).

Fishing for Compliments [*fisching foa kommpliments*]
Immer wiederkehrender Hinweis auf die 0,002 g Fett, die die Dame des Herzens im Badezimmerspiegel bei einer extrem komplizierten Verrenkung an ihrem aus Männersicht makellosen Körper entdeckt hat. Wenn Mann jetzt nicht sofort widerspricht, ist er verloren.

Fitnesstraining [*fittniss-*]
Schönekörperformgerichtete Leibesübung. Irgendein Bewegungsablauf wird mit stampfender Musik unterlegt und mit einem englischen Namen bezeichnet. Es gibt Dance-Sensation, Strip-Aerobic, Body-Jam, Breath-Walk und Ikea-Schrank-Aufbau-Stretching.

flirten [*flöaten*] — Beziehungsanbahnendes Zwinkern.

Girlie [*göali*] — An das *Outfit* und Auftreten von Pippi Langstrumpf angelehnte entspannte Form der Emanzipation: Mädchen können alles. Auch Spaß. »Keine Widerrede, Mann, weil ich ja sowieso gewinn, weil ich ein Mähähähädchen bin!« Setzte mit Frau Langstrumpf ein, ging über Heike Makatsch und gipfelte in Lara Croft.

High Heels [*hai hiils*] — Schuhe, die Frauen größer erscheinen lassen, dafür aber ihren Gelenkapparat ruinieren (→ *Rollback*).

Hot Pants [*hott pännts*] — Weibliches Folterinstrument, um männliche *Singles* in Wahnsinn und Selbstmord zu treiben. (Verwandt: *Push-up* und *String*.)

Lady [*läidi*] — Lady Gaga? Eher nicht.

Look [*lukk*] — 1. Vorname des Skywalker.
2. Uniform. Ein Look bestimmt das Aussehen von den Haarspitzen bis zu den Schuhsohlen. Insofern haben Soldaten einen perfekten Look, ebenso Darth Vader und Angela Merkel. Und da nichts tödlicher ist, als in der Schule, beim Presseball oder im Einkaufszentrum im falschen Look zu erscheinen, haben alle den gleichen.

Make-up [*mäik-app*] — Fassadenmalerei (auch bekannt als Fresko und Graffiti).

Model [*moddl*] — Vollkommen überschätzte Spezies, deren einzige Leistung es ist, komplett ohne Essen auszukommen und sich dann auch noch zu übergeben.

Multitasking
[*multitasking*]
Frauen machen nie etwas anständig: Immer erledigen sie 1000 Sachen auf einmal. Wie soll denn das funktionieren, wenn man gleichzeitig telefoniert, die Fußnägel macht, Radio hört, den Kalender *updatet* und eine Präsentation schreibt?! *Oops*, es funktioniert.

oops
[*ups*]
1. Paketdienst im Halteverbot.
2. Oh, das war totalmegamäßig aus Versehen, *sorry*.

Outfit
[*autfitt*]
Beschönigender Sammelbegriff für Bekleidung und Zubehör. Wenn es dem *Look* dient, wird sogar ein Müllsack zum Outfit erklärt.

Peeling
[*piiling*]
Einer Legende nach fiel einer Creme-Spezialistin von Beiersdorf (Nivea) bei einem Sylt-Urlaub versehentlich die Sonnencreme in den Sand.

posen
[*po-zen*]
Zen oder die Kunst seinen Hintern zu präsentieren.

Prince Charming
[*Prinz Ernst-August von Hannover*]
Wir kennen ihn alle: Es ist der Typ aus der Zahnpastawerbung mit dem blendend weißen Lächeln. Ist lange im Geschäft. Hat vorher Brandt-Zwieback und Kinder-Schokolade-Packungen geziert. Diese Art Mann braucht nur zu lächeln und der Normal-Miesepeter neben ihm wird unsichtbar.

Push-up
[*pusch-app*]
Eigentlich eine Mogelpackung, die Größe vortäuscht, wo keine ist. Aber, mal ehrlich: schön!!!

Sex and the City
[*lindenstraße*]
Unglaublich: Eine beschämende Ansammlung an Klischees und erfolgreich wie Sahneeis! Frauen, seid ihr wirklich so? Krass! Ich nehme Samantha!!!!

Shaping
[*schäiping*]
Etwa: Umrisse optimieren. Es geht darum, mit ein bisschen Sport und viel Elastan in der Kleidung in einem ganz besonderen Licht aus einem bestimmten Blickwinkel bei einer einzigartigen Luftfeuchtigkeit perfekt auszusehen. Bitte nicht bewegen!

shoppen, Shopping
[*schoppen*]
Sehr lustvolle Freizeitbeschäftigung fantasieloser Schuldenmacherinnen. Mädels, malt doch mal ein Bild, engagiert euch politisch oder spielt eine Etüde von Chopin! Nutzt eure Zeit sinnvoller! Während wir vor der Playstation hocken. (→ No-Gos Seite 224)

Singleparty
[*ßinglpaady*]
In der Paarung erfolglose Menschen treffen sich zur Paarung. Frage: Wie finde ich den Traummann unter lauter *Losern*?

Slip
[*schlipp*]
Schlüpfer.

sorry
[*ßorri*]
Tut mir gar nicht leid, ciao-ciao, wir telefonieren, bussi-bussi, ich muss los.

String
[*string*]
Früher: Saite. Das bekannte Streicherensemble »The G-String-Quartett« erinnert noch an diese etymologischen Wurzeln. Heute: Po-frisst-Unterhose. Im Grunde genommen ein Begriff aus dem Konstruktivismus: Der Slip ist auf seine absolut unverzichtbaren statischen Trägerelemente reduziert. »Form follows Function«, so die Bauhaus-Theoretiker. Da der String allerdings dazu dient, die Pobacken absolut verformungsfrei in der Jeans wirken zu lassen, wollen wir auch gar nicht weiter meckern. Auch: Einstein zu Ende gedacht. (Physikerwitz)

wow
[*wau*]

Ursprünglich aus der Hundesprache stammend, hat sich diese Lautäußerung heute gegen das noch bei Heidi, Wickie und der Biene Maja übliche »Hurra« durchgesetzt. Schade.

>> Aufbauwortschatz:

Anti-Aging
[*anti-äidsching*]

Gott gebe mir die Gelassenheit, Dinge hinzunehmen, die ich nicht ändern kann, den Mut, Dinge zu ändern, die ich ändern kann, und die Weisheit, das eine von dem anderen zu unterscheiden.

Beauty Coach
[*bjuti koutsch*]

Früher: Stilberater. Heute: Ausgefuchste Styling-*Software*: eigenes Bild uploaden; Starstylings darauf übertragen; Lieblingslook speichern – fertig! Und dann schnell einen Termin mit dem Therapeuten vereinbaren, um damit fertigzuwerden, dass man immer noch scheiße aussieht.

Bleaching
[*bliitsching*]

Entfernung der schützenden Zahnoberfläche aus optischen Gründen.

Bodylotion
[*boddilooschn*]

Wichtiges Zubehör für eine wunderschöne weibliche Beschäftigung: Die können sich stundenlang einreiben! Und Männer könnten stundenlang zugucken.

Boobs
[*buubs*]

Neu für: Tits. Originalzitat von einer schönen Mitstudentin: »Meine Boobs schielen.« Manche Mädels sind echt schräg drauf.

Breath-Walk
[*bresswook*]

Manchmal muss Satire vor dem Original kapitulieren, daher hier ein Zitat: »BreathWalk® kombiniert Spazierengehen, bewusste Atemmuster, Achtsamkeit und Yogaübungen in mehr als 20 Programmen ... Es verschafft Ihnen die Möglichkeit, die Ebene Ihrer Energie, Ihrer Stimmungen und Ihres Geisteszustandes frei zu wählen.« (www. breathwalk. de) Wir warten so lange in der Imbissbude auf die Erfindung von Breath-Pommes®.

Dinner-Cancelling [*dinna-kännsseling*] Abnehmmethode: das Abendessen weglassen. »Mit leerem Magen ins Bett wirkt wie ein Jungbrunnen: Der Glukosespiegel im Blut sinkt, Sie nehmen im Schlaf ab. Ein niedriger Insulinspiegel bremst zudem den Alterungsprozess.« (Werner Tiki Küstenmacher: ›Simplify Your Day‹)

Extension [*ikkstennschn*] Paradox: Haare ankleben, ohne eine Glatze zu haben.

Eyeliner [*eilaina*] Nicht: Malbesteck zu Ostern. Sondern: Augenvergrößerungsgerät. Also eigentlich ein Buntstift. Gibt's auch als Lipliner, Bauchnabelliner und Stirnliner.

Fakes [*fäiks*] 95% der Frauen in Internet-Singlebörsen.

Lifestyle [*laifstail*] Gegenteil von Lebensstil.

Low-Fat [*lou-fätt*] Sehr tief sitzendes Fett, das man nicht mehr los wird.

Magic Moment [*mädschikk moument*] Hach. Seufz.

Minimizer-BH [*minimeisa-*] Verkleinert optisch die Brüste. Gegenteil von *Push-up*. Sinn unklar.

Model Agency [*moddl äidschenßi*] Moderne Form der Sklavenhaltung.

Neckholder-BH
[*nekkhoulda-*]

Halsschlinge. Interessant: Die Übersetzung für echte Engländerinnen heißt: »halterneck bra«. Schönes Beispiel dafür, dass Denglisch nicht automatisch etwas mit Englisch zu tun hat.

Outlet
[*autlett*]

Sogenannter Lagerverkauf. Tatsächlich aber ein ganz normaler Laden, nur dass er irgendwo in der Pampa liegt. Manche fahren bis zu 800 km für ein Outlet und merken nicht, dass der winzige Rabatt längst für Benzin draufgegangen ist. Es gibt sogar ein Bifi-Outlet (in Ansbach). Da stimmt doch was nicht!

pimpen
[*pimmpen*]

Aus dem Automobilbau übernommener Begriff für das »Tieferlegen« eines *Outfits* oder eines *Make-ups*. Hier ein *Spoiler* und da ein Spoiler und schon ist sie fertig, die Gesichtsbaracke.
→ *Tunen*.

Shapeshifting
[*schäipschifting*]

Gestaltwandeln. Wer träumt nicht davon, sich entspannt in einen Adler zu verwandeln und durch die Lüfte ins Büro zu fliegen? »Shapeshifting kann dich lehren, die Weisheit deiner Krafttiere zu verstehen und Berührungsängste mit sogenannten ›ungeliebten‹ Tieren wie Spinnen, Ratten und Kakerlaken zu verlieren.« (www. magick-pur. de.) Aha.

Shaping-Kleid
[*schäiping-*]

Presswurst.

Size DOES matter
[*Technik? Ha!*]

Schlimmes Geheimnis der Frauen.

Spliss
[*spliss*]

Haarsträubend, diese Haarspaltereien! Haare schneiden! Sofort!

Stretch-Jeans [*strättsch-dschiins*]
»Lässt durch den raffiniert gearbeiteten breiten Bund den Bauch flacher wirken!« (Otto-Katalog) Übrigens: Eine Stretch-Jeans lässt auch noch den schönsten Apfel-Po wie einen flachen Meerschweinchenhintern aussehen.

Sugaring [*schuggaring*]
Epilation mit Hilfe von karamellisiertem Zucker. Klingt nur lecker, ist aber sehr schmerzhaft. In Israel auch als meschuggering bekannt. Im Sinne von: »Die spinnen, die Frauen« (Obelix).

Sunglasses [*ßannglaaßes*]
Mit 'ner Ray Ban im Gesicht kann man Audrey Hepburn vortäuschen und den gestrigen Prosecco-Abend vergessen machen.

Waistkiller [*wäistkilla*]
Plautzenverstecker. Früher: Korsett.

Waxing [*wäkksing*]
Kojak hatte das auf dem Kopf. Ansonsten therapeutische Maßnahme für Körperhaar-Phobiker. Gibt es in den Richtungen Bikini, Bikini Lines, Bikini Landing Strip, Brazilian Front, Brazilian Hollywood und ganz allgemein Brazilian Wax. Dabei befreit ein brasilianischer Staatsbürger Klientinnen für viel Geld von ihrer angstauslösenden Naturbehaarung. Leider noch nicht von der Krankenkasse anerkannt.

Weight Watchers [*wäit wottschas*]
Wuchtbrummen.

>> Konversationshilfe:

Wir müssen uns schon mal vorweg entschuldigen: nicht alle Frauen reden so! Und dennoch gibt es ihn, diesen Haufen kreischender Frauen, die bei einem Mädelsabend von einer Ekstase in die andere fallen und begeistert ihre Dateerlebnisse erzählen:

> Hiiiiiiiiiiiiiiiiiiiiiiiiiiiiiiii!
> *Hallo.*

Oopsy, sorry!
Darf ich mich da hinsetzen?

> Erzähl schon, Honey, wie war das Date?
> *Na, wie war denn dein Treffen mit Frank?*

Oh, wow, nichts Besonderes, er hat 'nen tollen Body, o.k., er war schon sweet, es gab diesen Magic Moment, aber, ach, ich weiß auch nicht. Ist das schon Prince Charming?
Wahnsinn, ich bin total verknallt! Ein Traumtyp. Eine Sahneschnitte! Dieser Hintern! Hoffentlich hat er nicht gemerkt, wie sehr ich ihn angehimmelt habe. Schmelz.

> Und? Wie ist er auf deine High Heels abgefahren, mit denen wir dein Outfit gepimpt hatten? Dein Styling? Hat ihn das Shaping-Kleid geflasht?
> *Ja und: Wie fand er deine Klamotten?*

Hach, ich hatte extra den Waistkiller unter, konnte mich dann aber beim Abdancen kaum noch bewegen. Ich hatte fast ein Past-Life-Erlebnis vor Atemnot.
In seinen Augen schien ich gar nichts anzuhaben. Da war es eigentlich egal, dass ich fast erstickt bin.

> So, ich muss auch wieder los, ein bisschen shoppen – in den Außenbezirken hat ein neues Taschentücher-Outlet eröffnet. See you, wir telefonieren!
> *Hoffentlich ruft er bald an.*

Broker traden

BUSINESS-DENGLISCH

Businessleute reden so viel Denglisch, dass die Grenze zum Englischen schon fast erreicht ist. Sie reichen *Handouts* und *Papers*, auf denen die Social Commerce Strategy für den *Businessplan* gebenchmarked wird. Typisch ist das endlose Aneinanderreihen von Substantiven. »Siemens Corporate Technology Intellectual Property« heißt die Patentabteilung des Konzerns. Und wer sich bei der Firma Kraft darüber beschweren will, dass die 17 Gramm Parmesan in der Familienpackung Miracoli zu Dauerstreit am Esstisch führen, wird durchgestellt zu »Kraft Foods Deutschland Services Corporate Affairs«. Und erhält die Auskunft, dass 3, 4 Gramm Käse pro Person vollkommen ausreichen. Auch die Bezeichnungen von Investmentfonds nehmen mittlerweile dadaistische Züge an: »Raiffeisen Short Term Strategy Pl A« oder »Aberdeen Global Asian Smaller Cos D2«.

Im Business ist Denglisch eine Frage des Tagessatzes. Ein herkömmlicher Unternehmensberater berechnet 1000 Euro am Tag, ein *Consultant* das Zehnfache. Zumindest ein Chief Business Global Value Process Development Consultant. Die Wörter sind beliebig kombinierbar. Einen Vorteil hat die Umstellung auf denglische Berufsbezeichnungen allerdings: sie beendet den *Gender-Wording*-Streit. »Die deutschen Informatikerinnen und Informatiker« war zu lang, »die deutschen InformatikerInnen« albern, und »die deutschen Informatiker« schloss die Frauen aus. Aber deutsche *Software* Consultants kennen kein Geschlecht! Es gibt keine Consultantin. So wie Englisch generell auf »der, die, das« und die damit verbundenen Absurditäten verzichtet (das Mädchen!). Einer der vielen Vorteile dieser Weltsprache.

>> Schlüsselbegriffe:

CEO [*ßi i ou*]: Chief Executive Officer. Vorstandsvorsitzender. Konzernchef. Die Fürsten unserer Zeit. Lassen Sie bitte vor Ihrem inneren Auge vorüberziehen: Jürgen Schrempp. Thomas Middelhoff. Josef Ackermann. René Obermann. Klaus Zumwinkel. Hartmut Mehdorn. Klaus Esser. Dirk Jens Nonnenmacher. Und jetzt beantworten Sie die Frage: Was wäre Deutschland ohne sie? Genau: ein blühendes, glückliches Land!

Compliance [*kommplaiens*]: Befolgung von Regeln. Muss in Unternehmen mühsam eingeübt werden. Hans Leyendecker berichtet, dass Siemens in den 90er-Jahren allein im Bereich öffentliche Netze jährlich 250 Millionen Euro für Bestechung ausgab. Dafür zuständig war Reinhard Siekaczek. Alljährlich musste er zu einem Vortrag gehen, in dem Korruption scharf verurteilt wurde. Und zwar vom Compliance Officer, der selbst fest in das illegale Provisionsgeschäft eingebunden war. Siekaczek musste sich das laute Lachen regelrecht verbeißen. Also: Gehen Sie zur Compliance-Fortbildung! Beobachten Sie, wer am meisten grinst. Und schon finden Sie in den Inner Circle, wo sich etwas mehr verdienen lässt – und dann noch steuerfrei!

Crash [*kräsch*]: Zusammenbruch. Folgt auf den *Boom*. 1999 kosteten Aktien der Tomorrow Internet AG 20 Euro das Stück. In den kommenden Monaten stieg die Aktie auf über 150 Euro, obwohl das Unternehmen noch keinen Cent Gewinn erwirtschaftet hatte (Boom). Zu diesem Zeitpunkt waren die Aktionäre Millionäre – auf dem Papier. Dann fiel der Aktienkurs – sehr tief. Aktueller Kurs: unter fünf Euro (Crash). Erklärungsbedürftig ist aber weniger der Sturz, sondern das besinnungslose *Hochjazzen* auf 150 Euro. »Um ein gutes Mitglied einer Schafherde zu sein, muss man vor allem ein Schaf sein.« (Albert Einstein)

Exit-Strategie [*eggsit-*]: Letzter Ausweg nach jahrelangem *Total Quality Management*. *CEO*s haben immer zwei Exit-Strategien: eine für die Firma, eine für sich. Wendelin Wiedeking bekam 50 Millionen Euro dafür, dass Porsche nicht mehr unabhängig ist. Klaus Esser erhielt für das Verschwinden von Mannesmann 30 Millionen Euro. Am effektivsten war Karl-Gerhard Eick. Ein halbes Jahr leitete er Arcandor, dann folgte die Insolvenz. Sein Gehalt läuft trotzdem weiter, 15 Millionen werden es bis 2014 sein. Chapeau! In China bekommt ein Arzt nur dann Geld, wenn der Patient gesund wird.

Sponsoring [*sponsering*]: Das Melzer-Sieg'sche Gesetz besagt: Wo immer sich Unsympathen, Egomanen, Raffzähne und Choleriker in einem Unternehmen befinden – sie werden in kürzester Zeit zum *CEO* aufsteigen. Da also die Unternehmenschefs eine denkbar ungeeignete *PR* darstellen, gar nicht zu reden von den Produkten, verfallen Unternehmen immer öfter auf die Idee, ihren Namen gegen Geld auf Dinge, Ereignisse und Orte raufzupappen, die allgemein beliebt sind. So kommt es zum »AWD-Dome« (→*Frog*), zum »HSH-Nordbank-Run« (die Bank, die einem missliebigen Mitarbeiter Kinderpornos unterschob) und zu den »Vattenfall Lesetagen« (Vattenfall betreibt die Schrott-Atommeiler Krümmel und Brunsbüttel).

>> Grundwortschatz:

Approach [*äpproutsch*]
Ansatz. Ein sehr beliebter Ansatz ist es zum Beispiel, in die bewährte Verpackung eine kleinere Menge abzufüllen und das Ganze für den alten oder einen höheren Preis zu verkaufen. Gucken Sie sich mal diese endlose Liste an: www.vzhh.de/ernaehrung/32535/04022011Versteckte%20Preiserhoehungen.pdf

Assessment-Center [*assässment-ßenta*]
Psychologisch optimierte Form der Folter, die den Opfern vorgaukelt, am Ende winke ihnen eine »Stelle«.

Banker [*bänka*]
Früher war eine Bank ein Ort, wo man sein Geld hinbrachte, um es sicher zu verwahren. Banker haben daraus den Ort gemacht, wo es auf uner-

klärliche Weise verschwindet. Zum Beispiel im Lehman-Loch.

Benchmarking [*bentschmaaking*]
Früher: Praxis in der Holzbearbeitung. Ein Tischler brachte eine Markierung (mark) an seiner Werkbank (bench) an, um alle Tischbeine auf dieselbe Länge zu bekommen. Später: Setzen von Maßstäben, um wirtschaftliches Handeln zu bewerten. Heute: Inhaltsfreie Vokabel auf *Handouts* und *Papers*, um Fantasiepreise für *Consulting* zu rechtfertigen.

Boom [*buum*]
Vorstufe zum *Crash*. Siehe auch *Hype*. Gelegenheit für Regierungen, den Haushalt zu sanieren. Was auch versprochen, aber nie gemacht wird. Ähnelt insofern dem Vorsatz, im nächsten Jahr das Rauchen aufzugeben.

Bossnapping [*bossnäpping*]
Was tun deutsche Arbeiter, die entlassen worden sind? Sie drohen mit Warnstreik. Was tun französische Arbeiter? Sie sperren ihre Firmenbosse so lange in den Konferenzraum ein, bis sie es sich anders überlegt haben. Mexikanische Arbeiter zünden gleich den ganzen Laden an. Dann doch lieber Warnstreik.

Briefing [*briefing*]
Nicht: einen Brief überreichen. Sondern: Jemanden kurz (brief) darüber informieren, wie desolat die Lage wirklich ist.

Businessplan [*bissniss-*]
Alljährlich wiederkehrender *Running Gag* in einer Firma.

Competition [*kommpetischn*]
Wettkampf unter unfairen Bedingungen.

Consultant [*konnßaltint*]
Vom römischen »Konsul«: Jemand, der durch Anglizismen verbrämte Trivialitäten an Unterneh-

mer verkauft, die hoffen, dadurch den *Cashflow* zu erhöhen. Liebe Unternehmer, den Cashflow erhöht ihr, wenn ihr das viele Geld für die Consultants einspart!

Controller [*konntrola*]
»Vertrauen ist gut, Controller sind besser.« (Lenin) Sie sind im Unternehmen so beliebt wie der U-Bahn-Kontrolleur beim Schwarzfahrer. Sie nehmen den Angestellten erst alle schönen Spielzeuge weg. Später dann die Angestellten selber.

Corporate Identity [*kooporitt aidentitti*]
Das Unternehmen als »Persönlichkeit« mit einem bestimmten Charakter. Bei Apple: modern, großstädtisch, kreativ. Dazu passen die vielen Selbstmorde in der chinesischen I-Pad-Fabrik nicht so gut. Immerhin tat man etwas gegen die Selbstmorde: unter allen Fabrikfenstern wurden Netze aufgespannt.

easyCredit [*iisikräditt*]
Total *easy* Geld leihen. Hätten wir auch gerne gemacht. Aber die vergeben keine Kredite an Selbstständige!

fixen [*fikksn*]
Früher: Einnahme bewusstseinstrübender Drogen mittels verseuchter Spritzen. Heute: Übervorteilung eines Geschäftspartners durch einen Vertrag (einen Deal fixen).

Fulltime-Job [*fulltaim-dschobb*]
Beschäftigungsform des 20. Jahrhunderts. Heute ersetzt durch Praktikanten, Fristverträge, 400-Euro-Jobs und *Freelancer*.

Global Player [*gloubl pläia*]
Ein gut funktionierendes Unternehmen wie Mercedes oder BMW kauft eine Schrottfirma wie Rover oder Chrysler für sehr viel Geld, steckt noch mehr Geld rein und verkauft sie nach Milliardenverlusten wieder für einen Euro. Wozu? Damit der *CEO* sich Global Player nennen kann!

Go
[*go*]
Früher: asiatisches Brettspiel mit vielen Plättchen. Heute: Jemandem ein Go geben, Höflichkeitsform von: »Und nu mach hinne, du Penner! Komm an Start! Ich hab nich 'n ganzen Tach Zeit!«

Handout
[*händaut*]
Zettel, auf dem etwas steht.

Headhunter
[*hädhanta*]
Kopfjäger, über den sich der Gejagte freut.

Hedge-Fonds
[*hedsch-fong*]
»Heuschrecken« (Franz Müntefering). »To hedge« bedeutet »absichern«. Hedge-Fonds tun das Gegenteil: Sie wetten auf fallende Kurse und verkaufen Positionen, die sie gar nicht besitzen (Leerverkäufe). Oder sie kaufen Firmen auf Kredit, dessen Zinsen die übernommene Firma selbst aufbringen muss. Dafür werden dann möglichst viele Mitarbeiter entlassen. 55 % der Heuschrecken siedeln in rechts- und steuerfreien Räumen: den Kaimaninseln, den Britischen Jungferninseln und den Bermudas. Übrigens: Hedge-Fonds wurden erst 2004 in Deutschland zugelassen – von Rot-Grün!

Hire and Fire
[*heia popeia*]
Arbeitgeberorientiertes amerikanisches Beschäftigungsmodell. Eigentlich ideal: Ich bezahle meine Leute nur, wenn die Gewinne am Maximum sind, und entlasse sie bei einer Flaute sofort. Schade, dass sie zwischen den kurzen Beschäftigungsverhältnissen auch was zu essen haben wollen.

Insidergeschäfte
[*inßaida-*]
Erfindung der linken Kampfpresse. Behaupten zumindest Jack White, Jürgen Schrempp und Klaus Zumwinkel.

Jet
[*dschett*]

Privat-Flieger. Statussymbol von *CEO*s, Investmentbankern und anderen Wirtschaftskriminellen.

Made in Germany
[*mäid in dschörmänni*]

Ursprünglich von den Engländern erfundene Warnung. Seit 1901 mussten alle aus dem Deutschen Reich importierten Waren diesen Aufdruck tragen, um patriotische Engländer vor dem Kauf zu warnen. Es kam anders. Wir schufen daraus ein Qualitätssiegel. Liebe Chinesen, macht uns das erst mal nach!

Management
[*männädschment*]

Summe von Fehlentscheidungen, die ein gesundes Unternehmen in die Insolvenz führen.

mappen
[*mäppen*]

Etwas landkarten. Also abbilden, übertragen. Wir haben den ganzen Denglisch-Quatsch hier mal gelandkartet, äh, gemappt.

Meeting
[*miiting*]

Direkte Übersetzung aus dem altgermanischen »Mi Ting«, »meine Versammlung«. Die Redewendung »Schatz, ich bin im Meeting!« hat allerdings eine andere Bedeutung. Sie läuft hinaus auf: »Ich kann dir alles erklären, es ist nicht, wonach es aussieht …«

New Economy
[*njuu ikonnommi*]

Geldvernichtung durch Internetfirmen.

Outsourcing
[*autßooßing*]

Beliebter *Approach* von *Consultants* und *Controllern:* aus annehmbar bezahlten Festangestellten billige Leiharbeiter und *Freelancer* machen.

Paper
[*päipa*]

Eigentlich Papier. Neuerdings Synonym für *Handout*, d.h. für ein Papier, auf dem etwas steht, was man nicht lesen muss, weil es keinen *Content* hat.

Performance [*pörfoomens*]
Früher: Aktion eines avantgardistischen Künstlers. Heute: Entwicklung eines Aktienkurses. Beide sind für Außenstehende nicht nachvollziehbar.

Powerpoint-Präsentation [*pauapeunt-*]
Erläuterung erfundener oder geschönter Zahlen unter Verwendung von Bildern und Grafiken, die das Ganze grauenhaft in die Länge ziehen.

Rating-Agentur [*räiting-*]
Private Firma, die die Kreditwürdigkeit von Unternehmen und Staaten bewertet. Es gibt nur drei, alle in den USA. Enron wurde von ihnen noch wenige Tage vor dem Zusammenbruch als zahlungskräftig gerated. Ebenso die Lehman Brothers. Griechenland wurde dagegen im Frühjahr 2010 auf Junk-Niveau herabgestuft. Wann kommt die unabhängige, europäische Rating-Agentur?

Return of Invest [*ritöan off inwest*]
Rückerstattung des eingesetzten Geldes, im günstigsten Falle mit Zinsen. Bei Privatkunden unbekannt.

Scout [*skaut*]
Spion, der im Auftrag eines *Managers* nach Künstlern oder Sportlern zur lebenslangen Ausbeutung sucht.

Shareholder-Value [*schäähoulda-wällju*]
Taliban-Kapitalismus.

Soft Skills [*ßofft skills*]
Kann nur labern.

Standing [*ständing*]
Ansehen in der *Peergroup*. Sein Standing verbessert man als Business-Youngster, indem man 17 Denglizismen in eineinhalb Sätzen unterbringt.

Start-up
[*staat-app*]
Von jungen Idealisten gegründete Firma, die nach wenigen Jahren von den Großen der Branche aufgekauft oder durch Ideenklau in die Pleite getrieben wird. Berühmteste Ausnahme: Mark Zuckerberg verkaufte Facebook nicht. Und wurde so der jüngste Milliardär der Welt. → *Nerd*

Team
[*tiim*]
Gruppe aus nichtkompatiblen Menschen.

Timer
[*taima*]
Kalender einer Person, die Zeitmanagement betreibt, indem sie *To-do-Listen* anlegt.

To-do-Liste
[*tu-du-*]
Schriftliche Aufzählung von Vorhaben, die man nicht zur Ausführung bringen wird.

>> Aufbauwortschatz:

abcashen
[*abkäschn*]
Geld einsammeln. Ausdruck aus der organisierten Kriminalität sowie dem Bankenwesen.

Bad Bank
[*bäd bänk*]
Seit über 100 Jahren fordern linke Parteien die Verstaatlichung von Banken und Schlüsselindustrien. Und was wird jetzt verstaatlicht? Die Schulden und Schrottpapiere von Großbanken, die sich verspekuliert haben. Ein Bad Joke.

Best Practice
[*best-präkktiss*]
Haben wir immer schon so gemacht.

Broker
[*brouka*]
Jemand, der für Gebühren im Sekundentakt Wertpapiere an der Börse kauft und verkauft. Und dabei alles broken hinterlässt: erst die Aktienkurse. Dann die Unternehmen. Dann die ganze Gesellschaft. Zeit für eine Börsenumsatzsteuer!

Callcenter [*koolßenta*]
Die Omi am Telefon: »Ihre Kollegin sagte mir letzte Woche, sie schickt jemand vorbei ... passiert ist nichts! Die Waschmaschine ist immer noch kaputt!« – »Das tut mir sehr leid.« – »Kann ich mal Ihre Kollegin sprechen?« Tja. Die Kollegin sitzt in Indien, Dänemark oder den neuen Bundesländern. Liebe Versandhauskunden: Genauso gut könnt ihr versuchen, nachts auf 9live 10 000 Euro bei Big-Brother-Jürgen zu gewinnen! Kauft lieber im Fachgeschäft um die Ecke.

Cashflow [*käschflou*]
Früher: Gewinn. Heute: Das, was ein Unternehmen tatsächlich verdient hat, an realem Geld, mit dem es z. B. seine Arbeiter bezahlen kann. Nicht das Geld, das nur in Form von Bilanztricks existiert. Die Firma Enron war in ihren letzten Jahren ein einziger Bilanztrick und bestand nur noch aus Cashloss, Cashdrain und Cashburn.

Challenge [*tschällindsch*]
Bewundernswerte Macke der Amerikaner: selbst die schlimmste Ausgangssituation als »Herausforderung« zu betrachten!

Coach [*koutsch*]
Berater, der noch weniger von der Sache versteht als der *Consultant*. Rät zum *Joggen* und zu Time-Management durch *To-do-Listen*.

Cost-Average-Effect [*kosst-äwweräddsch-*]
Beliebtes Argument aus der Werbung für Fondssparpläne: Wenn man jeden Monat 100 Euro investiert, um Fondsanteile zu kaufen, ist das günstiger, als würde man jeden Monat eine bestimmte Anzahl Fondsanteile kaufen. Denn bei hohen Preisen kauft man automatisch weniger Anteile, bei niedrigen Preisen mehr. Der Vergleich ist aber konstruiert: Niemand kauft monatlich eine bestimmte Anzahl Fondsanteile. Und: Je länger der Sparplan läuft, umso mehr Kapital unterliegt ganz den Schwankungen des

Fondswerts. Am Ende ist es so, als hätte man einmalig das gesamte Geld auf einen Fonds gewettet. Tun Sie's nicht!

Credit Default Swaps [*kräditt difoot swops*] Versicherung für Kredite, bei denen schon beim Abschluss klar ist, dass sie nicht zurückgezahlt werden.

Escort-Service [*eskoot-ßöawiss*] Improtheaterstück mit nur einer Darstellerin.

Flip-Chart [*flipp-tschaat*] Notizblock für Riesen.

Gated Community [*gäited kommjunitti*] Abgeriegelte Wohnsiedlung für Reiche. Früher in Johannesburg und Rio. Heute auch in Potsdam und Leipzig. Wir müssen leider draußen bleiben!

gereviewed [*geriwjuud*] Überprüft. Was für ein Wort! Kann man kaum lesen.

Go-live [*gou-laif*] Umschalten von Test auf Echtbetrieb. Wird seit einigen Jahren vergeblich von Sigmar Gabriel erwartet.

IFO [*ifo*] Income from Operation. Einkommen aus Arbeit. Für den Finanzbereich unbekannt.

Joint Venture [*dscheuntwentscha*] Feindliche Übernahme, von der das übernommene Unternehmen noch nichts gemerkt hat.

Key-Account-Manager [*kii-äkkaunt-männädscha*] Kurz: Key-Accounter. Schlüsselkundenberater. Was ist mit den anderen Kunden?

Low-Performer [*lou-pörfooma*] Oberlusche.

Secondliner [*ßäkkntlaina*]	Der ewige Zweite. Prinz Charles. Thomas Anders. Schalke 04.
Shorts [*schoots*]	Wetten auf fallende Kurse. So verdient man an und in der Krise.
socialisen [*ßouschelaisn*]	Menscheln. Versuch von modernen Net-2.0-Nerds, wie ein Mensch zu wirken und Kontakt aufzunehmen.
Total Quality Management [*toutl kwolitti männädschment*]	Qualitätsmessmethode, übergreifendes Qualitätsmanagement, Methode, die Qualität in Zahlen zu erfassen. Typischer Nonsensbegriff im Zusammenhang mit *Management*.

>> Konversationshilfe:

Hedge-Fonds haben einen schlechten Ruf. Zu Unrecht. Wenn Sie seit Jahren ohne jeden Erfolg ein Internet-Start-up betreiben, das Sie mit jeder Minute tiefer in den finanziellen Ruin treibt, kann ein Hedge-Fonds-Manager in Kauflaune Ihre einzige Rettung sein. Wie Sie richtig mit ihm verhandeln, zeigt das folgende Beispiel:

> Ja, hier Roland Schlund von der privaten Vermögensverwaltung »Die Heuschrecke«. Spreche ich mit Dr. Schmidt von »DerTulpenfreund.de«?
> *Hier Roland Schlund, Consultant beim Private Equity Global Star Crisis Development Fonds. Spreche ich mit Dr. Schmidt von Tulips Retail United?*

Am Apparat.
Ja, ich bin der CEO.

> Sie verkaufen Blumensamen übers Netz?
> *Sie sind der Shootingstar unter den Flowers-E-Commerce-Start-ups?*

Wir versuchen es. Mit wachsendem Erfolg. Wir erwarten bereits für 2019 schwarze Zahlen!
Der Web-Shop ist ein absolutes High-Potential mit einer challenging Performance!

Egal. Wir wollen Sie gerne übernehmen. Wir kaufen gerade alle Netz-Vertriebsportale in Deutschland.
Fantastic! Wir bieten Ihnen einen Venture-Capital-Deal mit Complete-Take-away-Option!

Mein Kollege von »DerHasenfutterspezi.net« hatte so was bereits angedeutet. Was haben Sie denn alles gekauft?
Nice! Schon andere Netshopping-Burner in Ihrem Pool?

Ja, gerade eben habe ich »sterbebegleiter.de« gekauft: Der Sterbende kann gegen einen Anteil an seinem Erbe unbegrenzt mit einem persönlichen Sterbebegleiter sprechen.
Exactly! Der Number-one-Hit unter unseren Webcommerce-Stars ist »Die nicer dot com«! Auf Ihrem Last-Trip-Bed können Sie mit Ihrem Personal-Life-End-Coach am Laptop twittern, mailen und chatten – im Business-Premium-Tarif sogar skypen!

Interessant. Und was wird aus uns – nach der Übernahme?
Great! Und – haben Sie schon eine Longterm-Future-Strategy?

Ehrlich gesagt: Ihr Betrieb wird geschlossen. Wir haben letzte Woche erst »DerBlumenmann.org« gekauft. Beides zusammen rentiert sich nicht.
Unsere Corporate Governance committed sich zum balanced Scorecard Model, ein erweitertes Stakeholder Value Concept. Wir setzen auf Total Quality Management, Benchmarking und Six Sigma Control. Wir werden den Cashflow und den Return of Invest mappen und raten. Und dann heißt es: Fix, close or sell! Bleibt es beim Low-Performer-Status, ist die Close-Option als Exit-Strategie sicherlich Best Practice!

Cool!
Cooler!

Artdirectors branden
MARKETING-DENGLISCH

In Alltagsgesprächen ist es gar nicht so schlimm. Das Gefühl einer Denglisch-Invasion erhält man erst, wenn man einen Katalog durchblättert, durch eine Einkaufspassage geht, vor einer Litfaßsäule stehenbleibt oder vor einem Kino. Linguisten mögen uns vorrechnen, dass Anglizismen nur 1 % unseres Wortschatzes ausmachen. Aber bei allem, was es in großen Lettern gibt und was Werber sich ausgedacht haben – Plakatüberschriften, Geschäftsnamen, Anzeigensprüche, Filmtitel –, hat Englisch längst das Deutsche überholt.

Das liegt daran, dass *Artdirectors* vor allem eine Zielgruppe im Auge haben, die »Modern Performer«: junge, studierte, schnell aufgestiegene, großstädtische *Workaholics*. Modern Performer shoppen in London, lieben amerikanischen *Lifestyle* und kommen sich mit zehn Bausteinen Business-English bereits wie Global Citizens vor. Sie machen zwar nur ein Zehntel der Bevölkerung aus, aber ihr Einfluss ist extrem hoch. Denn erstens haben sie Geld und geben es gerne aus: am liebsten für prestigeträchtige Smartphones, *Flatscreens* und *Townhouses*. Zweitens gelten sie als Meinungsführer und Multiplikatoren. In Denglisch: Sie sind die *Opinion Leader*, die Early Adopter, die First Mover. Sie laufen als Erste mit dem neuen UMTS-iPad herum. Deshalb ist es auch völlig egal, wenn ihre Mütter weder den Produktnamen noch dessen Werbespruch verstehen. Über kurz oder lang werden die nämlich das kaufen, was ihr erfolgreicher Sohn besitzt.

Es ist also sinnvoll, einem Modern Performer etwas auf Englisch anzupreisen. Weniger sinnvoll ist es, eine deutsche Strickzeitschrift ›The Knitter‹ zu nennen. 96 % der Zielgruppe verstehen darunter etwas, das sie nicht mögen. Oder der Lego-Katalog: Ganze Produktgruppen tragen nur englische Namen. Zielgruppe:

4- bis 12-Jährige. Anteil der Englisch Sprechenden: unter ein Prozent. Hören Sie denen mal zu, wenn sie sich über das Rebel Trooper Battle Pack oder den Chopper Jump unterhalten. Und das natürlich deutsch aussprechen. Glauben die Lego-Katalogtexter wirklich, dass Modern Performer unter den Käufern sind? Dann wissen sie etwas, was wir nicht wissen.

>> Schlüsselbegriffe:

Claim [*kläim*]: Frank Wedekind begann als Erfinder von Reklamesprüchen für Maggi. Es ist also überhaupt nicht peinlich, so etwas von Beruf zu machen. Okay, ein bisschen peinlich ist es schon. Aber es wird nicht dadurch besser, dass man den Reklamespruch *Slogan* nennt. Und zwei Jahrzehnte später Claim. Claim heißt Anspruch. Mal ehrlich, anspruchsvoll ist es, einen Roman wie ›Saturday‹ zu schreiben. Und nicht den Reklamespruch »Impossible is nothing« zu erfinden. Für was noch mal, für Autos? Nein, für Turnschuhe. Das ist eher dämlich.

Emotional Brand Building [*iimouschenl bränd bilding*]: Der *Claim* einer Hamburger Werbeagentur. Und das ganze Geheimnis von Reklame: das Verbinden von Waren mit Markenzeichen und Markenzeichen mit Gefühlen. Mit immer derselben Botschaft: Du bist frei, glücklich und geborgen. Und zwar indem du fade Tütensuppen kaufst, krebserregende Zigaretten rauchst und ermüdende Städtereisen unternimmst. Auf rätselhafte Weise funktioniert das. 90 % unseres Geldes geben wir für zu große Wohnungen (»Geborgenheit«), zu teure Autos (»Freiheit«) und renditelose Lebensversicherungen (»Sicherheit«) aus, sodass fürs eigentliche Leben nichts übrig bleibt.

Marketing [*maaketing*]: Es gibt nur zwei Möglichkeiten: Wenn es für ein Gut einen Markt, also eine Nachfrage gibt, braucht man kein Marketing. Wenn es keinen Markt gibt, muss man es vermarkten. Oder vertreiben. Durch die fünf V: verpacken, verzieren, versprechen, verlosen, verramschen. »Operative Beeinflussungstechnik« nennen das die Marketinger. Für ganz hoffnungslose

Fälle gab's früher Drückerkolonnen, heute Telefon-Direktmarketing.

Merchandising [*möatschndaising*]: Eins der skurrilsten Kapitel der Wirtschaftsgeschichte. Es begann damit, dass jemand an der Kinokasse fragte, ob er das Filmplakat haben könne. Bei *Star Wars* kam schon mehr Geld durch den Verkauf von Meister-Yoda-Figuren rein als durch den Film selbst. Heute werden ganze Zeichentrickserien nur produziert, um das dazugehörige Merchandising an *Kids* vertickern zu können, die süchtig nach diesem Schrott sind. Wann tauchen Pokemonkarten, Beyblades und Diddlmäuse im Drogenbericht der Bundesregierung auf?

PR [*pee er*]: Öffentlichkeitsarbeit. Wird überall dort betrieben, wo man teilnahmslosen Menschen eine Sache näherbringen will, für die sie sich erst mal nicht interessieren. Zu diesem Zweck wird die Öffentlichkeit bearbeitet, und zwar verdeckt, und da liegt das Problem. Wir lesen einen Bericht über ADS bei Kindern und ahnen nicht, dass der Artikel von der PR-Abteilung eines Pharmakonzerns stammt. Weil die Redaktion sich eigene Recherche gar nicht mehr leisten kann. Umso wichtiger ist Wikileaks.

>> Grundwortschatz:

Artdirector [*aatdairekta*]
Jemand, der Reklameprospekte für Hundefutter textet, kommt damit in den Art Directors Club. So nennt sich der Verband deutscher Reklamemacher. Soll man jetzt lachen oder weinen?

B2B [*bii tu bii*]
Nicht: sein, um zu sein. Sondern: Business-to-Business. Im Gegensatz zu Business-to-Consumer (B2C). Man könnte auch Händlerwerbung und Kundenwerbung sagen. Das wäre dann aber kein richtiges *Marketing*.

Best Ager [*best äidscha*]
Alte Menschen haben's nicht leicht. Die Rente wird gekürzt, das Gedächtnis lässt nach, die

Freunde sterben weg, die Kinder rufen nicht mehr an. Wie zum Hohn erfinden Werber immer neue Euphemismen, um sie anzusprechen: Best Ager, Silver Ager, Golden Ager, Third Ager, Mature Consumer, Master Consumer oder Senior Citizens. Und das sind ja nur die Alten. Wie wird man erst Greise nennen: High End Ager? White Stars? Heester Citizens?

Branding
[*bränding*]

Eigentlich: Einbrennen von Mustern in die Haut mit Hilfe von Nadeln. Heute: Consultantsprech für Marke. Auch Zeitungen werden neuerdings in Marken umgewandelt. Besonders clever stellt sich die ›Süddeutsche‹ an: Sie verkauft im SZ-Shop SZ-Kinderbücher, SZ-Filme, SZ-Reisen, SZ-Leselampen, SZ-Holzbrettspiele und SZ-Salzstreuer. Auch Redaktions-Ikonen sollten bald gebranded werden. Wann kommt der Heribert-Prantl-Latte-Macchiato?

Card
[*kaad*]

Abkürzung für Bonusschwindel. Immer in Verbindung mit dem Schwindler: Tchibo Card, TUI Card, Aral Card, Lufthansa Miles&More Card. Die Promotionpäpste nennen das Kundenbindung. Neuerdings gibt es sogar die Tourist Card Bielefeld: »Der Schlüssel für ein umfangreiches Bielefeld-Erlebnis.« Für nur acht Euro am Tag. Aber wer möchte das?

Crossmedia
[*krossmidia*]

Nicht: Mittelding zwischen stark durchgebraten und leicht angegrillt. Sondern: Der verzweifelte Versuch von Printmedien, Anzeigen zu verkaufen, indem man sie gleichzeitig *online* platziert. Wohl wissend, dass das Netz das Massengrab des Anzeigenmarkts ist.

for free
[*foa frii*]

Kostenloses Probe-Abo! Aber wenn Sie nicht sofort kündigen, geht es unmittelbar in eine zweijährige, unkündbare Mitgliedschaft über. Und hier kann man die Tricks von Parship und Co. nachlesen: www.vzhh.de/telekommunikation/31172/in-der-flirtfalle.aspx

Give-away [*giff-äwäi*]
Wertlose Geschenke, mit denen naive Kunden sich die Wohnung zumüllen.

Hype [*haip*]
Maximaler Medienrummel um eine Erscheinung von minimaler Bedeutung (Tokio Hotel, DSDS, Schweinegrippe). Nicht: Abkürzung für die Hypo Real Estate Group (→ *Bad Bank*).

Image [*immettsch*]
Geschöntes Bild in der Öffentlichkeit als Ergebnis gezielter *PR*.

Kids [*kitz*]
Inflationär benutztes Wort, um Kindern und Jugendlichen etwas anzudrehen: Greenpeace 4 Kids, Zoo-Kids, TÜV-Kids. Straßenkinder werden zu Off-Road-Kids, Legastheniker zu LegaKids, und eine Seite für krebskranke Kinder heißt Onko-Kids-online. Demnächst wird Peter Handke seinen berühmten Text umschreiben müssen: »Als das Kid ein Kid war, wusste es nicht, dass es ein Kid war.«

Kingsize [*kingßais*]
Sehr klein. Ähnlich wie Xtra Large.

light [*lait*]
1. Diätprodukt anzeigendes Nachwort (z.B. Cola light, Lübecker Nuss light). 2. Seichtigkeit ankündigendes Adjektiv (z.B. Classic light).

magic [*mädschikk*]
Wie *happy*, funny oder 4u allgegenwärtige Werbewortblase, die sich beliebig kombinieren lässt: Magic Trip, Magic Füller, Magic Vollkornbrot. 250 Jahre nach der Aufklärung versprechen uns Reklametexter Schicksalsglück durch

magische Handlungen. Wir müssen dafür aber keine Kräuter mehr bei Mondlicht sammeln. Es reicht, Magic Deos oder Magic Leberwürste zu kaufen.

Mainstream
[*mäinschtriim*]
Die große Masse der Menschen ist wie ein großer, gemächlicher, halbtauber und halbblinder Elefant. Wenn dieser Dickhäuter den Kopf hebt und etwas wahrnimmt und gut findet, dann ist es Mainstream. Unter Filmemachern und Rockmusikern die denkbar schlimmste Beschimpfung. Dennoch sind auch Nirvana und Tarantino längst Mainstream.

Neuro-Enhancement
[*njuro-inhänzment*]
Eigentlich: Konzentrationsförderung. Gemeint ist aber chemische Ruhigstellung. Über 50 Millionen Tagesrationen Ritalin werden bei uns jedes Jahr verabreicht. Bleibt die Frage: Was wäre aus Louis de Funès oder Otto Waalkes unter Ritalin geworden?

No-Go
[*nou-gou*]
Vom *Mainstream* aufgestellte Verbote, die uns einschüchtern und zu opportunistischem Verhalten zwingen sollen. Wir hoffen, dass das bei unseren Denglisch-No-Gos (S. 222) auch funktionieren wird!

Onpack
[*onnpäkk*]
Promotion-Stalking: *Give-away* oder Gewinnspiel, das an der Colaflasche klebt (Onpack) oder in der Cornflakestüte lauert (Inpack).

Point of Sale
[*peunt off ßäil*]
Auch: POS. Der Stand, wo man angequatscht wird, ob man nicht vier Wochen die ›Welt‹ umsonst lesen möchte. → *for free*

Promotion
[*promouschn*]
Früher: einen akademischen Grad erlangen. Heute: professionelles *Pushen*. Der Promoter promoted. Meistens andere. Der Pop-Promoter Gerrit

Heesemann kam 1994 jedoch auf die Idee, dass es viel einträglicher sei, sich selbst zu promoten. Und erfand sich neu als Lotto King Karl. Der Rest ist Geschichte.

Sale
[*ßäil*]

Schwer verständliches Ladenschild. Nicht: Segeln. Auch nicht: Hier werden Waren verkauft. Sondern: Reduziert! Steigerung: Super Sale. Der Hamburger Kaufmann weiß: Rabatt, das lass dir sagen/wird vorher draufgeschlagen!

Secondhand
[*ßäkknthänd*]

Euphemismus: durch sehr viele Hände gegangenes, zerfleddertes Kleidungsstück, für das man auch noch bezahlen soll.

Shopping-Center
[*schopping-ßenta*]

Diese unwirtlichen Stätten des Geldausgebens brauchen wirklich mal einen schöneren Namen, ehe sie alle pleitegehen: Wundervilla, Prachtpalazzo, Glücksgalerie, Genussgarten, Luxuslouvre, Schlemmerschloss?

Spot
[*spott*]

Hohn, ironisches Aufspießen. Neuerdings: kurzer Reklamefilm für ein überflüssiges Produkt.

Teaser
[*tiisa*]

Mittelding aus Pisa und tesa. Ergibt keinen Sinn.

Teen
[*tiin*]

Da »Teenager« extrem 70er ist, sprechen Werber heute von Teens. Zum Beispiel: 4Kids&Teens. Ähnlich schlimm ist Youngster, nur noch getoppt durch ein englisch ausgesprochenes *Junior*.

Touch
[*tatsch*]

Früher war es die besondere Note. Heute geht es darum, etwas Sturzlangweiligem ein extrem *cooles Image* zu verpassen. Manchmal können einem diese *Artdirectors* echt leid tun.

trendy [*trendi*] — Verkäuferausdruck für: ist hässlich und steht dir nicht. Aber alle anderen haben es auch schon gekauft. Da geht's zur Kasse!

USP [*ju ess pi*] — Unique Selling Point. Alleinstellungsmerkmal. Keiner näselt wie Bob Dylan. Keiner schleimt wie Pilawa. Und niemand findet sich so endschön wie Jürgen Trittin. Ein echtes Erfolgsgeheimnis.

Wear [*wär*] — Extremst *coole* Denglisch-Vokabel für Bekleidung in allen Kombinationen: Streetwear, Homewear, Beachwear, Underwear, Stagewear, Eyewear. Eingeführt von Pink Floyd auf ihrem Album: »Wish You Wear here«.

Win-win-Situation [*win-win-*] — Aus der Spieltheorie stammender Begriff, der von Leuten verwendet wird, die einen übervorteilen wollen.

>> Aufbauwortschatz:

Button [*battn*] — Früher: Knopf. Heute: sehr kleine Reklamefläche. Auch: originelle Romanfigur mit Vornamen Benjamin. Seitdem Metapher für alles, was sich zurückentwickelt: die SPD, die Auflage des ›Focus‹, die Qualität der Platten von Marius Müller-Westernhagen.

classic [*klässik*] — Früher: Epoche der Literatur-, Kunst- und Musikgeschichte. Heute: Maßeinheit für Popcorn, Tortilla-Chips und Latte Macchiato. Außerdem bekannt als Handytarifsorte und Kombucha-Geschmacksrichtung. Steigerung: Classix. Das hat Goethe nicht verdient!

Eyecatcher [*eikätscha*] — Hingucker. Gibt es in drei Varianten: a) leichtbekleidete Damen, b) halbnackte

Frauen und c) freizügig fotografierte Models. → *Cover.*

Facility Manager [*fässillitti männädscha*] Hausmeister. Das sprachliche Upgrade hat an ihrer Dauerschlechtgelauntheit nichts geändert.

faken [*fäikn*] Vorspiegelung falscher Tatsachen. Haupttätigkeit von Reklameschaffenden.

Flyer [*flaia*] Zettel, die irgendwo rumliegen und die niemand liest. *Promotion*-Paradox: kommen aus der Werbung, haben aber mit Werbung nichts zu tun. Steigerung: Salesfolder. Noch mehr Zettel. Genauso wenig Leser.

Halloween [*hello Wien*] 1. Slogan aus dem Stadtmarketing der österreichischen Hauptstadt. 2. Sehr erfolgreiches *Event* aus dem Kürbismarketing.

Key-User [*kii-jusa*] Nicht: Benutzer eines Schlüssels. Sondern: Haupt-Nutzer. Ratten in der Kanalisation. Prekariat bei DSDS. Zahnärzte in der FDP.

Must [*masst*] Unwichtig, entbehrlich. → *Must Haves for your Trip.*

Newsletter [*njuuslätta*] Tragen Sie sich nicht ein! Sie werden es binnen Kurzem bereuen. Übrigens: Haben Sie Interesse an unserem Come-in-and-burn-out-Newsletter?

outdoor [*autdoa*] Eigentlich will man nur zum Bäcker. Aber mit der Jacke könnte man auch Reinhold Messner auf den Nanga Parbat begleiten. Könnte! Hat sich aber im letzten Moment doch für den Bäcker entschieden. So aufregend kann das Leben sein.

Pitch [*pittsch*] Wettbewerb um den Werbeetat eines Unternehmens: »Nach einem harten Pitch nahm uns die

Deutsche Telekom in ihren Pool der bevorzugten Event-Agenturen auf«, verkündet ›VBA-Events‹ stolz in ihrem *Newsletter*. Aber vermutlich hat der Telekom-Mann nur gesagt: »Wir rufen Sie zurück!«

Product-Placement [*prodakkt-pläißment*]
Den Wagen, den George Clooney in seiner neuen *RomCom* fährt – den will ich auch! Das verstehen wir noch. Aber wieso taucht im Kinderanimationsfilm B51, der in einer fremden Galaxie spielt, ständig das Warenzeichen von VW auf? Soll das heißen: Nur Aliens fahren Volkswagen?

pushen [*puschn*]
Ursprünglich: etwas altväterliche Hausschuhe. Heute: strategisch gezieltes Nachvorneschieben eines jungen Talents (Lena Meyer-Landrut durch Stefan Raab) oder einer alten Nervensäge (Dieter Bohlen durch RTL und ›Bild‹).

reloaded [*riloudid*]
Ursprünglich: missratene Fortsetzung eines Kultfilms (›Matrix Reloaded‹). Heute wird jede neue Brötchensorte so angepriesen (Roggen reloaded).

Set [*ßett*]
Ansammlung nutzloser Gegenstände, die im Set angeblich etwas günstiger sind. Am meisten spart man aber, wenn man das ganze Set nicht kauft.

Shooting [*schuuting*]
Fotografen sind sowieso endcool. Und jetzt heißen ihre Fotoaufnahmen auch noch Shooting. Kaum zu *toppen*!

Sorry, we're closed! [*ßorri, wiea klosd*]
Bitte nicht an die Tür klopfen! Wir sind zwar da, haben aber keine Lust mehr zu bedienen.

stylish [*stailisch*]
Beschönigen schlimmer Klamotten. Auch: stylo.

toppen
[*toppen*]
Vom Fussballtrainer Klaus Toppmöller abgeleitetes Verb: etwas wahnsinnig Gutes noch besser machen.

Townhouse
[*taunhaus*]
Extrem unpraktisches Angeberobjekt: zwei Meter breit. Elf Meter hoch. Fünf Etagen, zwischen denen man hin- und herrennen muss. Bodentiefe Fenster, durch die jeder reingucken kann. Schön ist nur die Fußbodenheizung. Und der Preis: ab 5000 Euro pro Quadratmeter.

Trademark
[*träidmaak*]
Wechselgeld. Müsste längst Trade-Euro heißen.

Trendsetter
[*trendßetta*]
Der Reflexian Sling ist ein albern aussehender Schuh aus dem Otto-Katalog. Aber neben der Abbildung steht: »Für Trendsetter«. Kauf ich!

Wording
[*wöading*]
Sprachliches *Tunen* oder *Pimpen*. Einer Sache einen neuen Namen geben, um ihr einen anderen *Touch* zu verleihen. Diese Worterfindung ist von Werbern als Wording gewordet worden. Meist in Form von Denglisching. Das Pflegeheim hatte aus Marketingsicht ein Wording-Problem, so wurde daraus die Seniorenresidenz. Demnächst gibt es das *Best-Ager*-Village oder die Silver-Generation-Community.

Xmas
[*ikksmess*]
Stopp! Es heißt Weihnachten. WEIHNACHTEN. Ausrufezeichen! Let's celebrate it:

>> Konversationshilfe:

Das Schicksal, auf unverkäuflichen Produkten sitzenzubleiben, teilen viele junge Erfinder. Eine solide Marketingberatung kann hier dauerhaft Abhilfe schaffen. Wie in folgendem Fall:

> Wir haben einen rechnergesteuerten Schnurrbartstutzer erfunden. Aber niemand will ihn kaufen!
> *Unser Technology Department hat den »Schnurrbartstutzer Digital Control« designed. Aber die Sales liegen slightly hinter dem Businessplan.*

Wie viele Anbieter gibt es in diesem Bereich?
Haben Sie die Market-Structure schon reviewed?

> Nur uns.
> *Nach der letzten social-economic Exploration ist es ein One-King-one-Product-Market.*

Großartig! Dann haben Sie ja ein Alleinstellungsmerkmal!
Great! Das erlaubt uns eine U.S.P.-Marketing-Strategy!

> Das nützt uns auch nichts.
> *Der Return of Invest ist trotzdem low performing.*

Doch! Wir müssen nur dafür sorgen, dass Schnurrbärte wieder in Mode kommen. Dazu müssen wir sie erst mal umbenennen. Zum Beispiel in Oberlippenfrisur. Oder Mittelgesichtshaar.
Cool down! Wir kreieren ein neues Image und einen neuen Trend. Der Schnurrbart hat ein Wording-Problem. Wir labeln ihn als Upper-Lip-Look. Oder Middle-Face-Hair.

> Klingt das nicht albern?
> *Gibt es da nicht ein Credibility-Gap?*

Nicht, wenn wir Promis aus verschiedenen Milieus dazu überreden, wieder Schnurrbart zu tragen. Zum Beispiel Ollie Geissen, Sigmar Gabriel und Campino. Mit denen machen Sie Plakatwer-

bung: Mein Leben. Meine Entscheidung. Mein Mittelgesichtshaar.
No Way! Wir starten eine Celebrity-Promotion mit Personality-Touch. Wir booken Worst-Case-German-Honks für Live-Product-Placement on the Body. Mit dem Claim: My Life. My Decision. My Middle-Face-Hair.

Wird das nicht sehr teuer?
Routen Sie das als High-Price-Marketing-Mix?

Nur die Ruhe. Dann finden wir einen neuen Namen für Ihr Produkt: Mittelgesichtshaargestalter. Und schalten TV-Spots, in denen Geissen sagt: »Heute geht's nach New York. Aber nicht ohne meinen Mittelgesichtshaargestalter!«
Just relax. Der nächste Step ist ein professional Product-Naming: Digital-Middle-Face-Hair-Shaping-Tool. Und der Celebrity-Honk wird in Print&TV unseren Claim posten: »Going to NYC. Aber never ohne my Digital-Middle-Face-Hair-Shaping-Tool!«

Wird er das tun?
Wird er sich dazu committen?

Für Geld tut der alles! Wenn Sie Ihr Produkt dann sehr teuer anbieten, haben Sie die Werbekosten in 30 Jahren locker wieder drin!
Sure! Eine klassische Win-win-Situation! Sein Life-Claim ist: Take the Money and run! Und wenn Sie den Digital-Shaper im Luxury-Price-Segment platzieren, werden bereits Ihre Urenkel den Return-of-Promotion-Invest erreichen!

Und hier noch ein besonders raffinierter Werbespot für dieses Buch:

C++

Nerds surfen

IT-DENGLISCH

IT ist eine Zauberwelt, beherrscht von Kobolden, Elfen, Feen und Einhörnern. Na gut, eigentlich nur von Kobolden, aber das macht sie nicht weniger magisch. Du trittst ein in den Zauberwald und hast die ganze Zeit das Gefühl, jemand beobachtet dich. Die Bäume verändern ständig ihre Position, und eh du dich's versiehst, hast du dich verlaufen. Dann triffst du auf eben jene Kobolde, die sich IT-Spezialisten nennen und dir den Weg aus dem Wald weisen sollen. Sie verlangen zwar heutzutage nicht mehr dein Erstgeborenes, aber dafür führt der Weg auch garantiert nicht aus dem Wald.

Computer sind einfach viel zu komplex geworden, um sie überhaupt noch zu verstehen. Und so ist schon so mancher IT-Kobold durch unsere Wohnungen gezottelt, hat kurz »das haben wir gleich« gemurmelt und »tricky«, »das hatte ich noch nie«, gefolgt von »Moment, da muss ich mir nur den richtigen Treiber runterladen«, um dann nach nicht einmal bummeligen acht Stunden unverrichteter Dinge wieder zu gehen, mit der Empfehlung, den natürlich hoffnungslos veralteten Rechner wegzuschmeißen. Einer war mal so fair, wenigstens kein Geld dafür zu verlangen. Er hatte Tränen in den Augen.

>> Schlüsselbegriffe:

Bit [*bitt*]: A little bit: ein kleines bisschen. Wortkreuzung aus binary und digit. Bezeichnet eine Binärziffer. Was das jetzt wieder bedeutet, fragen Sie bitte Ihren nächsten IT-Kobold. Wir sind hier ja schließlich nicht in einem Technik-Lexikon! Total-supi-wichtig: Ein Mebibit sind zwei hoch 20 Bit. Aber: Ein Pebibit sind zwei hoch 50 Bit. Vier Bit ein Nibble. Und acht Bit sind ein ...

Byte [*bait*]: Biss zum Neustart. Kleinste adressierbare Informationseinheit aus acht *Bit* (wie gesagt). Auch Oktett genannt (nicht mit einer achtköpfigen A-cappella-Band zu verwechseln). Kommt sprachlich tatsächlich von bite (zu Deutsch: Bissen), wurde aber nach mehreren Vampirunfällen mit einem Y versehen, um weiteres Ungemach zu vermeiden. Kunstwort, erfunden vom deutschen Computer-Pionier Werner Buchholz. (Merke: Es gibt nicht nur Bill Gates.)

Download [*daunloud*]: Unabsichtliche Virenzufuhr. Wenn man nebenbei auch eine Datei erhält, die man tatsächlich benutzen kann: umso besser. Es ist ein bisschen so, als würde jedes Mal, wenn man einen Freund zum Essen einlädt, eine terroristische Zelle der al-Qaida mitkommen und versuchen, deine Bude in Brand zu stecken.

IT [*ai tii*]: Informationstechnologie würde man auch im Deutschen »IT« abkürzen und dann [ii tee] sagen. Jedoch kondensiert sich hier das ganze Coolness-Bedürfnis dieser Branche: [ai tii] klingt einfach *phatter*.

SMS [*essemmess*]: Short Message Service. Regierungsstil einer großen deutschen Kanzlerin. Heißt bei Nokia immer noch sympathisch »Kurzmitteilung«. Nett, die Finnen. Als Verb: *smsen* oder simsen: Sehnenscheidenentzündung im Daumen.

Support [*ßuppoat*]: Aktuelle Form der Hölle. Der völlig überforderte *User* ruft zu einem unvorstellbaren Minutenpreis den Support an, hängt stundenlang in Warteschleifen und landet schließlich bei einem thailändischen Grundschulkind, das ihm in einer Endlosschleife die heimische Nationalhymne vorsingt.

>> Grundwortschatz:

Account [*äkkaunt*] — Sündenregister.

Backup [*bäkkapp*] — Künstliche Verdoppelung des Erinnerungsvermögens eines Rechners. Leider nicht für Menschen erhältlich.

Beamer [*biima*] — Strahlemann. Besungen in einem Lied von Supertramp.

Browser [*brausa*] — Unverständlicher Ausdruck aus der Welt des *Internets*, um dem gewöhnlichen *User* das Gefühl zu vermitteln, er steige da einfach nicht durch. Was ist der Unterschied zwischen einem Browser, einem *Server*, einem Provider und einem Portal?

chatten [*tschättn*] — Hat gegenüber einem echten Gespräch den großen Vorteil, dass man sein Gegenüber nicht sehen muss.

Code [*kot*] — 1. Geheimschlüssel. Sach ich nich.
2. Die DNS eines *Computers*. Bzw. DNA. Der Grund-Algorithmus, auf dem das Betriebssystem basiert. Entspricht dem Geheimrezept von Coca-Cola.

Computer [*kommpjuta*] — Erstaunlich: »Rechner« ist mittlerweile der deutlich coolere Begriff.

Content [*konntennt*] — Inhalt (Prust! *LOL! ROFL!*).

Desktop [*dessktopp*]	Friedhof für Zu-erledigen-Dateien.
E-Mail [*emil*]	Früher: männlicher Vorname (vgl. auch: Erwin, Egon, Eugen). Heute: Elektronische Post für Leute, die eine Telefonphobie haben und zu faul zum Briefeschreiben sind.
Flatrate [*flätträit*]	Wo ist der Haken? Einmal zahlen, endlos nutzen? Beim Telefonieren gut, beim Saufen schlecht.
Google [*guugl*]	Marktwirtschaftlich für: Stasi.
Hacker [*häkka*]	Pizzaschachtelvernichtungs-Armee mit Rechnerkenntnissen.
Homebanking [*hoombänking*]	Unsichere Zahlungsverkehrsabwicklung für Fußkranke.
Homepage [*hoompäidsch*]	Bildschirmfüllende Selbstdarstellungsplattform im WeltWeitenNetz, z. B. www. lalelu. de.
Hotline [*hottlain*]	Jederzeit erreichbare, Hilfe spendende Fernsprechverbindung. (Hahaha, wat ham wa jelacht!! Der war jot! Hilfe! Luft! Ein Hammerwitz! Und das für nur fünf Euro pro Sekunde.)
Input/Output [*inputt/autputt*]	Das Begriffspaar Input/Output hat sich mittlerweile aufs ganze Leben übertragen, wobei zu bemerken ist, dass der Input oft viel größer ist als der Output. Qualitativ jedenfalls. Man steckt viel rein, kriegt aber wenig raus. That's life.
Internet [*intanätt*]	Wenn der Film ›Matrix‹ mit Keanu Reeves die Zukunft der Menschheit beschreibt, dann ist das heutige Internet das *Prequel* dazu.

Joystick
[*dscheustikk*]
Quasi das männliche Geschlechtsorgan de Luxe: Es hat viiiel mehr Knöpfe. Und schießen kann es auch.

Laptop
[*läpptopp*]
Rauchwarenersatz für Nervöse. Endlich haben die Finger wieder was zu tun.

Links
[*links*]
Früher: Politische Richtung, die für Solidarität, Gerechtigkeit und individuelle Freiheit eintrat. Heute: Verweise von einer Netzseite auf andere Netzseiten, die wiederum auf die ursprüngliche Netzseite zurückverweisen (Unterform des Inzests).

Log-in
[*logg-inn*]
Virtueller Grenzschutzbeamter, der vor Betreten des gelobten Landes dein Passwort wissen möchte.

Nerd
[*nöad*]
Pickeliger, blasser, Zahnspangen und kaputte Brille tragender Außenseiter in der Schule, der später einmal Multimillionär sein wird, weil er als Einziger die Zeichen der digitalen Zeit erkannt hat.

offline
[*offlain*]
Früher: normal. Heute: unmöglich.

online
[*onnlain*]
Realitätsflucht.

PC
[*pee zeh*]
Eigentlich eine gute Idee: IBM wollte die lagerhallengroßen Computer der damaligen Zeit auf einen schreibtischtauglichen Privatrechner zusammendampfen: dein persönlicher Computer. Doch was hat es gebracht? Keine Zeit aufgrund der Flut an E-Mails, spielesüchtige Kinder und durch Facebook-Flirts gescheiterte Ehen.

posten
[*poosten*]
Anbringen von »Nachrichten« auf einem elektronisch erzeugten Schwarzen Brett: »Sitze gerade vor dem Computer« oder Ähnliches.

Scanner
[*skänna*]
Fotokopierer. Auch: Vernichtung von Urheberrechten durch Digitalisieren von Drucksachen. Als Verb: scannen, abschätzig von oben bis unten abchecken.

scrollen
[*skrollen*]
Bildschirm hoch, Bildschirm runter, Bildschirm hoch, Bildschirm runter.

Smiley
[*smaili*]
Warnhinweis für ironiefreie Internet-User.

Social Community
[*ßouschell kommjunitti*]
Sammelbegriff für Facebook, Myspace, StudiVZ und Co. Was genau gemeint ist, wird nicht klar, denn diese Netzwerke sind weder sozial noch eine Gemeinschaft. Oder glauben Sie, dass ein Sozialkontakt besteht, wenn Sie Lady Gaga als Freundin *adden*?

Spam
[*schpämm*]
Elektronische Post, die darüber informiert, wie man sein Liebesleben verbessern könnte.

surfen
[*ßöafn*]
Früher: maritime Nutzung eines Bügelbretts. Heute: weltweit Haupttätigkeit von Büroangestellten.

Update, updaten
[*appdäit*]
Seine Festplatte mit überflüssigen Sonderfunktionen vollknallen, sodass man sich bald wieder einen neuen Rechner kaufen muss.

USB-Stick
[*u es be-stikk*]
Taschenmesser mit Festplatte. Merke: USB ist nicht der zweite Teil von USA, sondern bedeutet Universal Serial Bus.

User [*jusa*]	Reimwort auf Loser. Bedeutung unklar.
WLAN [*weelaan*]	Wireless local area net. Nie da, wenn man es braucht. Nie!!!
YouTube [*jutjuub*]	Zeitvernichtungsmaschine. Man surft von Filmchen zu Video, und irgendwann ist der Bart durch den Tisch gewachsen und die Enkel sind aus dem Haus.

>> Aufbauwortschatz:

adden [*ädden*]	So wie die Indianer Skalps gesammelt haben, »adden« *User* einer *Social Community Friends* zu ihrem Profil.
App [*äpp*]	Kleinstprogramme, mit denen Apple verzweifelt versucht, seinen Geräten nachträglich einen Sinn einzuhauchen.
Bluetooth [*bluutuuß*]	Früher: Ergebnis flüchtigen Zähneputzens nach dem Genuss von Rotwein. Heute: Funkverbindung.
Bug [*bakk*]	Früher: Insekt! Bazillus! Wanze! Abhörvorrichtung! Heute: ein Programmfehler. Weil kein Programmierer mehr weiß, ob das Programm in seiner Gänze funktioniert, wird es einfach an den armen Kunden ausgeliefert und die Bugs werden dann über *Updates* nach und nach beseitigt.
Chatroom [*tschättruum*]	»Zwei Dinge sind unendlich: das Universum und die menschliche Dummheit. Aber beim Universum bin ich mir nicht so sicher.« (Albert Einstein)

Cloud
[*klaut*]

Mehrere Rechner zu einem Superorganismus zusammengeschlossen. Mal gucken, wann diese Schwarmintelligenz uns verschluckt. Über den Wolken muss die Freiheit wohl grenzenlos sein.

Cookies
[*kukkiis*]

Früher: Reiniger für Zahnspangen. Später: ein cleveres Bürschchen (smart Cookie). Heute: eklig klebende Gebäckrückstände von *Internet*-Programmen im häuslichen Rechner.

cracken
[*kräkken*]

Erst wenn die letzte CD gebrannt, die letzte DVD kopiert und das letzte Computerprogramm gecrackt ist, werdet ihr merken, dass *Content* nicht vom Himmel fällt, sondern von Menschen gemacht wird, die auch von irgendwas leben müssen!

Drag and Drop
[*drägg änd dropp*]

Technik aus der Rechnerbedienung, die heute gerne auf Beziehungspartner und Arbeitnehmer angewandt wird (→ *Hire and Fire*).

FAQ
[*fuck*]

Frequently asked Questions. Zu Deutsch: Bitte schreiben Sie uns keine Mail. Rufen Sie uns auch nicht an. Lesen Sie stattdessen erst mal diese 90 Seiten mit Standardantworten durch. Vielen Dank, Ihr *Support*.

Feature
[*fiitscha*]

Überflüssige technische Spielerei an einem ohnehin überfrachteten Rechnerprogramm oder elektronischen Gerät, die die Anwendung der normalen Grundfunktionen erschwert. Neudeutsch: *App*.

forwarden
[*foawaardn*]

Weiterleiten. Es sind solche grauenhaften Denglizismen, die einen in den Widerstand treiben.

Friends
[*frennts*]

All die anonymen *Stalker*, die du in der schillernden Welt der *Social Communities* zu deiner Seite *addest*, um dich im Internet nicht so einsam zu fühlen. Bitte nicht mit »Freunde« übersetzen – das wären »real Friends«.

Hardware
[*haadwea*]

Grundsätzlich der Teil vom Computer, den man anfassen kann. Also quasi die Spitze des Eisbergs.

Hot Spot
[*hott spott*]

Brandfleck, heiße Quelle. Oder: sexorientierter Reklamefilm. Oder: Treffpunkt von Zwangsneurotikern, die es einfach nicht aushalten, mal ganz entspannt *offline* zu sein.

Interface
[*intafäiß*]

Schnittstelle. Während der ersten Großen Koalition »Plisch und Plum«, also Helmut Schmidt und Rainer Barzel. Während der zweiten Peter Struck und Volker Kauder. Und plötzlich macht die wörtliche Übersetzung wieder Sinn: Zwischengesicht.

LOL
[*laugh out loud*]

SMS-Kürzel. Wenn Sie es mal selbst erleben wollen: Schließen Sie die Augen, wenn das nächste Mal Frank-Walter Steinmeier spricht, und stellen Sie sich Gerd Schröder vor. Auch bekannt als ROFL (Rolling over floor laughing, rolle lachend über den Teppich) und LAWLZ (Laughing a whole lotz). Das »z« ist der sogenannte Ghetto-Plural, mit dem sich normale fesche Mädels in derbe gecheckte Medlz verwandeln lassen. cu (see you).

Phishing
[*fisching*]

Früher: Ermordung unschuldiger Wassertiere mit Hilfe einer Angel. Heute: Verbrecher fingieren eine Bank-E-Mail, in der sie dich nach der Geheimzahl deiner EC-Karte fragen. Wenn du wirklich so dusselig bist, deine Geheimzahl zu nennen, holen sich die entspannten Kriminellen damit am nächsten Geldinstitut einen kleinen Zuschuss für ihre Urlaubskasse.

Podcast
[*pottkaaßt*]
Aus dem Internet herunterladbare Radio- oder Fernsehsendung von vorgestern, für die sich keine Sau mehr interessiert.

Realtime
[*riiltaim*]
Immanuel Kant hat gezeigt, dass die Zeit kein Teil der Wirklichkeit ist, sondern eine Kategorie, die uns erst ermöglicht, die Wirklichkeit wahrzunehmen. In diesem Zusammenhang wäre es interessant zu klären, warum die Zeit so irrwitzig schnell vergeht, sobald man sich an den Rechner setzt: »Ich check noch mal gaaanz kurz meine *E-Mails* ...« Und wieder ist ’ne Stunde weg!

Relaunch
[*riiloonsch*]
Wenn dir auch inhaltlich nichts Neues für deine *Homepage* einfällt, so kannst du doch regelmäßig das *Design* aufpeppen.

Resource
[*riißoaße*]
Dateien, Dienste, Netze, Festplatte, Rechnergeschwindigkeit, Luftdruck, Pizzavorrat etc., also alles, was ein *User* so braucht, um seinen Liebling zu bedienen.

RTFM
[*read the fucking manual*]
95% aller technischen Probleme sind auf das Ignorieren der Bedienungsanleitung zurückzuführen. Gequälte Systemtechniker verabschieden sich nach Kundengesprächen erst höflich und freundlich, legen auf und schreien dann: »Read the fucking manual!!!«

Screenshot
[*skriinschott*]
Abmalen des Bildschirms eines Rechners, wobei auf die Zungenstellung zu achten ist (korrekt: im rechten Mundwinkel).

Server
[*ßöawa*]
Nicht: Diener, männliche Form des *Escort-Service*. Sondern: Rechner, auf dem die *Software* der Homepage läuft. Bei illegalen Seiten steht der Server gerne im Ausland. Also aufgepasst bei www.heissehose.to oder www.easy-bomb.tv!

skip intro
[*skipp intro*]
Überflüssiges Eingangsfilmchen überspringen? Ja, danke! Gerne!

Slash
[*släsch*]
Wie Schrägstrich, nur cooler/gechillter/geflashter.

Software
[*ßofftwea*]
Weichware. Wohnbiotop von *Bugs* und Viren. Dem *Computer (Hardware)* ist von außen nicht anzusehen, welche Software in ihm steckt, mithin welche Programme ihn demnächst zum Abstürzen bringen werden.

Too-many-Fingers-on-Keyboard-Error
[*tu-männi-fingas-onn-kiiboad-erroa*]
Berühmte letzte Worte eines Commodore C64-Computers, wenn man sich aus Versehen auf die Tastatur gesetzt hatte. Lieblingsspiel eines unserer Autoren in den Achtzigern. Mit dem Unterarm natürlich!

tracken
[*träkkn*]
Verfolgen (Hilfe!).

Videochat
[*wideotschätt*]
Auch das noch. NEIN!!!

virtual
[*wöatschuell*]
Nicht wirklich, Alter. Das hast du doch nicht geglaubt, oder?

Widget
[*widschett*]
Kleinstprogramm, das sich als Fenster (Pop-up) öffnet (ähnlich wie eine Klammer beim Schreiben (so wie in diesem Text (was durch die Klammern verdeutlicht werden soll (Klammer zu)))) und kleine Gimmicks (überflüssiger Spielkram (o.k., das war gemein)) zum Hauptprogramm ergänzt.

>> Konversationshilfe:

Und nun wollen wir Sie noch fit machen für das unvermeidliche Gespräch mit dem Support. Da wir armen User hoffnungslos abhängig sind vom Systemtechniker am anderen Ende der Telefonleitung, sollten wir ein bisschen Denglisch können, um wenigstens die Rechnung zu verstehen. Also seien Sie tapfer und wählen Sie die Nummer der Hotline des Supports:

> Hallo, hier spricht Ihr Online-Support-Assistant, wo drückt der Error, wo kneift der Bug?
> *Moin, moin.*

Ähm ... ich ...
Ich hab da ein einfaches Problem, aber wenn Sie mich so fragen, weiß ich nicht, wie ich es formulieren soll.

> Verstehe ich Ihr Gestammel richtig, dass Sie ein Softwareproblem mit Cookies, Web-Bugs und Web-Bacons haben und Ihre Harddisk-Boot-Failure durch die falsche Harddisk-Boot-Reihenfolge gerootet wird?
> *Ich weiß doch genauso wenig wie SIE, wovon ich rede, aber* Sie *haben das Problem, muhahaha (dämonisches Lachen).*

Ähm ... ich ... ähm ... schaun Sie: Immer wenn ich so ... mache, dann macht der Rechner »ploing«.
Hilfe!!!!!

> Wenn Sie ein Problem mit der Software haben, drücken Sie bitte die 1. Wenn Sie ein Problem mit der Hardware haben, drücken Sie bitte die 2. Wenn Sie ein allgemeines Problem haben, drücken Sie bitte die 3 und kaufen sich eine Schreibmaschine. Wenn Sie ein Problem mit mir haben, verdrücken Sie sich bitte.
> *Too-many-Fingers-on-Keyboard-Error. Oder auch: Der Herr ist zu Tisch. Ihr Support-Assistant ist angesichts der übergroßen Probleme geflohen.*

Ich plugg dir gleich deine Harddisk in deinen feinen USB-Eingang, du downgeloadetes Stück Gigabyte!
Von Goethe in ›Götz von Berlichingen‹ zur Genüge übersetzt!

TAKING A
SHOWER...
...BACK IN
5 MINUTES!

Blogger twittern

PUBLISHING-DENGLISCH

Der Deutsche liest. Er liest viel und gerne. Bücher, Zeitungen und Zeitschriften. Ab und zu geht er auch mal auf ›Spiegel online‹, wenn er im Netz ist. Aber seit es ›Spiegel online‹ gibt, heißt alles, was gedruckt wird, nur noch *Print* und gilt als hoffnungslos veraltet. Und die deutschen Verlage und Redaktionen sind in Endzeitstimmung. Obwohl sich gar nichts daran geändert hat: die Deutschen lesen gerne. Doch weil Print angeblich ein sinkendes Schiff ist, wird gedenglischt, was das Zeug hält, damit das vermeintlich Antiquierte doch noch modern wirkt. Aus dem Klatschreporter wird der *People-Journalist*. Aus dem Buch für Jugendliche und Erwachsene der *All Ager*. Und das ›Hamburger Abendblatt‹ beschreibt sich als »Online-Newspaper, das einmal am Tag auch als Premium-Printausgabe erscheint«.

Medien sind wie Touristen: sie leiden darunter, dass es zu viele von ihresgleichen gibt. Zig Fernsehsender, Hunderte von Zeitungen, Tausende von Zeitschriften, Millionen von Websites. Medialer Overkill. In diesem Kampf um Aufmerksamkeit gilt das ABBA-Prinzip: The Winner takes it all. Und der Gewinner ist die *Celebrity*. Mit zwei Ergebnissen: Über sie wird andauernd berichtet, auch wenn es nichts zu berichten gibt (→ *Homestory, Interview, Society*). Und spätestens mit 45 muss der Promi seine erste Autobiografie veröffentlicht haben. Der erste »Superstar«, Alexander Klaws, schrieb sie im Alter von 20. Und erzählte im Klappentext: »Für das Schreiben dieses Buches habe ich mir eine ganze Woche Zeit genommen.« Kein Wunder, dass es ein *Bestseller* wurde, eine Gattung, auf die sich der Buchhandel zusehends konzentriert. Ihm wäre es am liebsten, wenn nur noch die neuen Titel von Hirschhausen, Mankell und Meyer angeliefert würden – alle anderen nehmen doch nur Platz weg.

Wenn es in der Berichterstattung ausnahmsweise nicht um Paris Hilton geht, sondern um etwas wie die Weltfinanzkrise, kommt das zweite Folterwerkzeug des modernen *Publishing* zum Einsatz: *Infotainment*. Mit anderen Worten: Paris Hilton berichtet über ihre Finanzkrise. Es ist seltsam, dass selbst die Branche, die von der deutschen Sprache lebt, so wenig Vertrauen zu ihr hat. Die Konkurrenz zum ›Handelsblatt‹ heißt ›Financial Times Deutschland‹. Unsere Buchhandlung heißt ›stories‹. Wann wird dtv umbenannt in GPPH – German Paperback Publishing House? Mit dem *Claim*: paperbacks4cracks!

>> Schlüsselbegriffe:

All Ager [*ool äidscha*]: Buch, das alle Altersgruppen lesen. »Wir setzen auf All Ager!« bedeutet: Wir ärgern uns schwarz, dass wir Harry Potter damals abgelehnt und diesem Hamburger Pixi-Bücher-Verlag überlassen haben, und möchten jetzt auch ein Buch, das sich ähnlich überirdisch gut verkauft! Liebe All-Ager-Freunde, es gab nur einen Rudi Völler. Es wird auch nur einen Harry Potter geben. PS: Es gibt doch noch einen Harry Potter. Nämlich die Twilight-Reihe von Stephenie Meyer. Und wer hat sich dafür die deutschen Rechte gesichert? Der Hamburger Pixi-Bücher-Verlag. Das kann doch nicht wahr sein!

Bestseller [*bestßella*]: Buch, das sehr viele Leute kaufen, weil es sehr viele andere Leute gekauft haben, die gelesen haben, dass es sehr viele andere Leute gekauft haben. Diese Bücher stehen nicht nur in der Bestsellerliste im ›Spiegel‹, sondern werden auch in den Buchhandlungen präsentiert als Bücher aus der ›Spiegel‹-Bestsellerliste und in Zeitungen als ›Spiegel‹-Bestseller besprochen, sie tragen auf dem *Cover* den *Button* ›Spiegel‹-Bestseller, und die Autoren nennen sich fortan ›Spiegel‹-Bestsellerautoren. Deshalb versuchen Verlage mit allen Mitteln, ›Spiegel‹-Bestseller zu produzieren. → *Megaseller*.

Cover [*kawwa*]: Titelseite eines Buches oder einer Zeitschrift. Angeblich verkaufsentscheidend. Daher behält sich der Verlag die Covergestaltung vor, und die meisten Autoren erleiden schwere Traumata durch das, was die Marketing-Fachleute dann verbrechen. Bei Zeitschriften gilt bis auf ›Titanic‹ und ›Hörzu‹ Nietzsches Theorie der »Wiederkehr des Ewiggleichen«: seitenfüllende nackte Frauenoberkörper. Oder Männeroberkörper (›Hinnerk‹, *Men's Health*). → *Sex sells*. Nur jenes als ›Spiegel‹-Konkurrenz gestartete Blatt aus München focussierte sich lange auf die Abbildung von Geld- und Goldstücken zu ihren *Titelstorys* »So umgehen Sie die Erbschaftssteuer!« oder »So machen Sie noch mehr aus Ihrem in der Schweiz versteckten Geld!« Haben die Tricks nicht funktioniert? Jedenfalls gibt kaum jemand Geld aus, um in dieser Zeitschrift zu inserieren.

Creative Writing [*kriäitif raiting*]: Schöpferisches Schreiben, das als Handwerk gelehrt wird. In Deutschland lange ein Fremdwort. Der deutsche Genie- und Innerlichkeitskult hat eine vernünftige Schriftstellerausbildung bei uns jahrzehntelang verhindert. Immerhin gibt es das Leipziger Literaturinstitut. In den USA freilich kann man Creative Writing an jeder Uni studieren und Weltklasseautoren wie T.C. Boyle unterrichten es. Mit dem Ergebnis, dass angloamerikanische Autoren unsere Buchläden und Bestsellerlisten bevölkern, während deutsche Autoren international praktisch nicht existieren, von Süskind, Funke und Schlink einmal abgesehen. Zu Recht, möchte man sagen. Martin Walser, Peter Handke und Juli Zeh sind schon auf Deutsch kaum zu ertragen – warum sollte ein Amerikaner sich das antun?

Megaseller [*megaßella*]: Der absolute Knaller. Da die Verlage sich nicht zutrauen, einen solchen zu erkennen, verfallen sie auf folgende Strategien: 1. Sie kaufen wahnsinnig teure Lizenzen von Büchern, die im Ausland Megaseller waren. Wenn das Buch dann im Inland nicht megasellt, kommt die Insolvenz. 2. Sie suchen ein *Me-too*, ein Plagiat auf den Megaseller der letzten Saison. Na ja. Nicht teuer. Aber auch meistens nicht der Megaseller. 3. Sie zahlen ihrem letzten Megasellerautor einen irre hohen Vorschuss, damit er ein weiteres Buch schreibt, das möglichst genau so ist wie das letzte. Wundern sich, wenn das niemand kauft. Und wo das Geld geblieben ist, das sie mit dem ersten Megaseller verdient hatten. 4. Sie konzentrieren sich auf Bücher für Leute, die keine Bücher lesen, geschrieben von Leuten, die nicht schreiben können. Sodass man all die Nasen, die man schon im Fernsehen nicht ertragen konnte, plötzlich auf den Covern in seiner Lieblingsbuchhandlung findet. 5. Sie bringen Kochbücher heraus. Inzwischen gibt es in Deutschland mehr Kochshows als Gemüsesorten und mehr Kochbuchtitel als Einwohner.

>> Grundwortschatz:

Agency
[*äidschenßi*]
Viel besser als »Agentur«! Da die Leiterin unserer Agency einen amerikanischen Vater hat, lassen wir es ihr aber durchgehen.

Backlist
[*bäkklist*]
Wenn die Neuerscheinungen wie Blei in den Regalen liegen, kann ein Verlag manchmal noch einige Zeit überleben, indem er seine uralten Erfolge erneut unter die Leute bringt: als Gesamtwerk, Spezialedition, Neuübersetzung oder in der Reihe »Die 733 wichtigsten Romane aus Mecklenburg-Vorpommern«.

Bashing
[*bäsching*]
Auch: bashen. Öffentliches Niedermachen von Leuten, die sowieso niemand leiden kann, wie Mario Barth oder Guido Westerwelle (Barth-Bashing, Westerwelle-Bashing). Daher nur begrenzt mutig und originell.

Blog
[*blogg*]
Ungefragt hinterlassene Bruchstücke unwichtiger Nachrichten.

Burner
[*böana*]
1. Holger, ehemaliger hessischer Ministerpräsident, der das Problem der Grünen »mit der Dachlatte erledigen« wollte, um später mit ihnen zu koalieren.
2. Im Journalismus verwendetes Lob: ein Thema, eine Geschichte oder Titelzeile »ist der Burner«

oder im schlechteren Fall »nicht so der Burner«. Auf der Suche nach dem Big Burner kam es zu Zwischenfällen wie den Hitler-Tagebüchern: Erst der Burner. Dann nicht so der Burner.

Content [*konntennt*] Irgendein redaktioneller Inhalt auf der Rückseite der verkauften Anzeigenseite. »Wir brauchen Spezialisten für Content« (Matthias Döpfner). Nannte man das nicht früher »Journalist«?

Copyright [*koppirait*] Durchs Netz abgeschaffte veraltete Form der Ernährung für Kreative.

Deadline [*dädlain*] Letztmöglicher Abgabetermin. Letztmöglich. LETZTMÖGLICH!! Was? Wie bitte? Oh je. Na gut, eine Woche noch.

E-Book [*i-bukk*] Das soll es wirklich geben. Ein elektronisches Buch. Da hilft nur noch auswandern.

Feature [*fiitscha*] Eigentlich: Merkmal. Im Medienbereich ein schillernd-vielseitiges Substantiv: 1. Radio- oder Fernsehdokumentation mit vielen O-Tönen (»Hab' für den NDR 'n Feature gemacht.«). 2. Zugabe bei DVDs, die Fans motivieren soll, die überflüssige Special Edition zu kaufen. 3. Als Verb (jemanden featuren) in der Bedeutung: ihn durch Reportagen und Interviews in die Öffentlichkeit hieven. So featured der ›Spiegel‹ seit Jahren Peter Sloterdijk – warum bloß?

Follower [*folloua*] Jemand, der dem neuesten Echtzeit-Tweet seines Stars auf Twitter entgegenfiebert: »Habe grade Mettbrötchen gegessen.«

Ghostwriter [*goust reiter*] Polanskis Meisterwerk ›Ghost‹ zeigt, dass dies alles andere als ein attraktiver Job ist. Wer es schafft, Leute wie Bush, Blair oder Rudolf Scharping klug und sympathisch erscheinen zu lassen, hat den Nobelpreis verdient.

Hardcover
[*haadkawwa*]

Teures Verschenkbuch mit festem Einband, das ungelesen in den Bücherschrank gestellt wird. Der Schenker erscheint großzügig, der Beschenkte belesen. Eine *Win-win-Situation*.

Headline
[*hädlain*]

Um Aufmerksamkeit heischende Großbuchstaben auf der Titelseite, die mit den Ereignissen wenig zu tun haben oder diese stark verdichten (»Der Todespastor« – »Hoppel-Heide«). Übrigens: Der Journalist schreibt den Text. Die Headline schreibt der »Textchef«. Deshalb haben beide oft nichts miteinander zu tun.

Homestory
[*hoomstorri*]

Ausverkauf der Privatsphäre: Promis zeigen *People-Journalisten* ihr Landhaus, ihren Zwergpudel, ihre dritte Frau und ihr Baby. In der verzweifelten Hoffnung, dass sie dadurch jemand wählt oder ihre CDs kauft.

Human Touch
[*hjumän tattsch*]

Schmidts filterlose Zigaretten. Schröders russische Adoptivkinder. Bushs Ranch in Texas. Hitlers Schäferhund. Friedrich Merz' Mofa. Äh, wer war noch mal Friedrich Merz?

Interview
[*intawju*]

Ingo Mocek verkaufte der Zeitschrift ›Neon‹ jahrelang gefälschte Interviews mit Stars wie Beyoncé, Snoop Doggy Dogg oder Christina Aguilera. Das fiel niemandem auf. Wie auch? Der Informationswert dieser Textform liegt bei null.

Layout
[*läiaut*]

Ursprünglich Anweisung aus dem Skatspiel: Leg aus! Dann Anordnung von Text und Bild auf einer Seite. Heute: *Look* einer Zeitung oder

Zeitschrift. Neue Chefredakteure profilieren sich nicht mehr durch Inhalte, sondern durch ein *Relaunch* des Layouts. ›FR‹, ›FAZ‹, ›BZ‹ – alle mussten schon dran glauben. Claus Strunz relaunchte 2010 das Layout des ›Hamburger Abendblatts‹, um es postmaterialistischen Käufern schmackhaft zu machen. Sorry, aber die lesen nach wie vor die ›Zeit‹.

Longseller
[*longßella*]

›Die Bibel‹. ›Buddenbrooks‹. ›Der Steppenwolf‹. ›Der kleine Prinz‹. Traum jedes Verlegers. Nicht durch Marketing herstellbar.

Me-too
[*mii-tuu*]

Ein Buch über den Jakobsweg – kann ich auch! Dachten sich Waltraud Weiß, Petra Balzer de García und Mady Host. Und schrieben: ›Sternenweg zum Donnersohn‹ –›Jakobsweg in 60 Minuten‹ – ›Zwei Mädels, ein Weg, ein Zelt‹. Andreas Drouve schrieb gleich 41 Bücher über den Jakobsweg. Insgesamt kann man bei Amazon 2330 Me-toos über den Jakobsweg bestellen. Unser Tipp: Schauen Sie sich lieber den Film ›Die Milchstraße‹ über den Jakobsweg an. Von Luis Buñuel. Schöner kann man religiöse Wahnvorstellungen nicht veralbern.

News
[*njuus*]

Alter Hut.

Overkill
[*ouwakill*]

Ist schuld an dem ganzen Rest. 400 000 Buchtitel werden jährlich auf der Frankfurter Buchmesse vorgestellt. 10 000 Zeitschriften erscheinen in Deutschland. In einer Gesamtauflage von 400 Millionen Exemplaren.

Pageturner
[*päidschtöana*]

Verlagsvertreter-Argument: Es steht zwar nichts drin, man möchte aber unbedingt wissen, wie's weitergeht!

Paperback
[*päipabäkk*]

Im Gegensatz zum *Hardcover* ein Buch, das man kauft, um es zu lesen. Leider kriegt der Autor deutlich weniger Prozente. Und leider sind Autoren zu eitel, um eine Gewerkschaft zu gründen. Und täten sie es, wären die Hardcover-Autoren nicht dabei.

Print
[*prinnt*]

Sehr aggressiv um sich greifendes Substantiv: Printausgabe, Printmedien, Printversion, Printbereich, Printer, Ticket-to-print, Print@home. Man könnte auch »Druck« sagen.

Publishing
[*pabblisching*]

Es kommt. Langsam. Die Umstellung von Verlag/Verlegen auf Publishing. Das Verlagshaus Braun heißt jetzt »Braun Publishing«. Die Medienhochschule Stuttgart bietet den Studiengang »Print&Publishing« an. Und die Deutsche Post produziert Kundenmagazine unter dem Überbegriff »Corporate Publishing«. Bestellen Sie den ›Corporate Publishing Watch Newsletter‹ und erfahren Sie alles über die schlimmsten und überflüssigsten Kundenzeitschriften Deutschlands.

Sex sells
[*ßäkks ßells*]

Die nackte Sekretärin auf der Seite eins der ›Bild‹. Die Barbusige auf dem ›Stern‹-Titel »Kampf gegen den Krebs!« Die retuschierte B-Schauspielerin auf dem *Cover* der ›TV Spielfilm‹. Aber auch Charlotte Roche und Helene Hegemann haben sich dieses Rezepts bedient. So wie schon Joyce, Nabokov und Miller. Trotzdem ist ›Axolotl Roadkill‹ großer Mist, denn Helene Hegemann ist nicht Charles Bukowski. Eines stimmt aber: Die Bücher von Oliver Sacks verkaufen sich sehr gut – zu Recht!

Shootingstar
[*schuutingstaa*]

Autor, dessen Debüt sich über 500 Mal verkauft hat.

Society
[*ßoßaietti*]
Früher: die Gesellschaft im Sinne der Gesamtbevölkerung eines Staates. Heute: Adlige aller Art, über deren Privatleben *People-Journalisten* in Endlosschleife berichten. Steigerung: High Society.

Titelstory
[*-storri*]
Beim ›Spiegel‹ entweder a) RAF oder b) Hitler oder c) Jesus oder d) Welt am Abgrund oder e) Generation Porno. Auch gern in Kombination: »War Hitler in der RAF?« – »Der Jesus-Porno« – »Generation Abgrund«.

Topnews
[*toppnjuus*]
Das, womit die anderen aufmachen (→ *Me-too*).

twittern
[*twittan*]
Zwitschern. Also: Tweets bei Twitter *posten*. Eigentlich sinnlos. Und eitel. Aber als wir eben auf die Seite gehen, finden wir folgenden Tweet: »Wenn man die Buchstaben in ›Bundeskanzlerin‹ umstellt, kommt ›Bankzinsenluder‹ heraus!« Liebe 42blue – das ist genial. Wir wollen deine *Follower* sein!

>> Aufbauwortschatz:

Augmented Reality
[*ogmänntit riälitti*]
Ziemlich ausgefuchste Verknüpfung von *Print* mit *online*. Zum Beispiel HIER!!!

Book on Demand
[*bukk onn dimaand*]
Verzweifelte Hoffnung, dass doch noch einer das Buch bestellt, das kein Verlag drucken wollte. Die Welt kann so trist sein.

Comic
[*kommik*]
Ob Asterix oder Ralf König: Comics machen glücklich! Findet sich davon etwas in der Übersetzung »grafische Literatur«?

Flexcover
[flekkskawwa]
Mittelding aus *Hardcover* und *Paperback*. So weit sind wir schon, dass es kein deutsches Wort dafür gibt!

Freelancer
[friilänza]
Jemand, der sich freiwillig (hahaha!) ausbeuten lässt. Während der festangestellte Redakteur für mehrere tausend Euro Monatsgehalt einen Text pro Woche schreibt, bekommt der Freelancer 50 Cent pro veröffentlichter Zeile. Immerhin einen halben Euro mehr als die Praktikantin.

Magazine Marketing Day
[mäggäsiin maaketing däi]
Sauteures *Event*, auf der überbezahlte Zeitschriften-Chefs erklären, warum sie wieder die Hälfte der Belegschaft *outsourcen* werden.

Newsroom
[njuusruum]
Großes, steriles Büro, in dem 40 Journalisten in 40 Macs die Zeitung von morgen tippen. Wie soll man sich da konzentrieren? Indem man Chefredakteur wird. Der hat noch ein schönes, eigenes Büro.

overdone
[ouwadann]
Journalistensprech für: Das Thema ist überstrapaziert, schon in allen Variationen durch alle Kanäle genudelt worden (z. B. Robbie Williams oder Jörg Kachelmann). Hindert den Chefredakteur aber nicht daran, noch eine Geschichte über Robbie Williams und Jörg Kachelmann ins Blatt zu heben.

People-Journalist
[piipl-]
People-Journalist Michael Kneissler sagte in der ›taz‹: »Der deutsche People-Journalismus ist wahrscheinlich einer der harmlosesten der Welt.« Na ja. Otti Fischer sieht das wahrscheinlich etwas anders. Und erklagte von der ›Bild‹ 12 000 Euro Schmerzensgeld wegen versuchter Erpressung.

Profi generated Content
[*profi dscheneräitet konntennt*]

Burda-Vorstand Philipp Welte sieht darin »die Einzigartigkeit der Zeitschriftenbranche«. 13 000 festangestellte Journalisten bei Printmedien gewährleisteten »Glaubwürdigkeit und Recherchetiefe«. Genau! Insbesondere bei den Burda-Zeitschriften ›Bunte‹, ›Freundin‹, ›Freizeit Revue‹, ›Super-Illu‹ und ›Playboy‹.

Royaltys
[*roiältiis*]

Die kaum messbaren Prozente, die der Autor vom Verkaufserlös abkriegt. Gegenteil von »königlich«.

Shortlist
[*schootlist*]

Engere Auswahl der Preisverdächtigen. Früher beim Booker Price. Dann beim Deutschen Buchpreis. Und beim Henri-Nannen-Preis. Demnächst auch bei der Lüdenscheider Lüsterklemme.

Special Interest Magazine
[*späschel intrest mäggäsiin*]

›AngelWoche‹. ›Bäckerblume‹. ›Der kleine Tierfreund‹. ›Der Aktionär‹. ›Der Landser‹. ›Der Vegetarier‹. ›Geliebte Katze‹. ›Mein Pferd‹. ›Meine Melodie‹. ›Nordic Walker‹. ›Partner Hund‹. Die spinnen, die Deutschen!

Stream of Consciousness
[*striim off konschesness*]

Schreibmethode, die den Gedankenstrom im Kopf der Hauptfigur ungefiltert wiedergibt, z.B. im letzten Kapitel von ›Ulysses‹. Von Peter Handke missverstanden, der in seinen letzten zehn Büchern alles ungefiltert wiedergibt, was in seinem Schädel vor sich geht.

Uniqueness
[*junikness*]

Wenn es noch kein *Me-too* gibt.

World Editors Forum
[*wööld ädditas-*]

400 Chefredakteure aus den USA und Europa diskutieren über ihr Printprodukt als I-Phone-App. Die restlichen 100 Chefredakteure aus Russland, dem Iran und dem Irak diskutieren darüber, ob und wie sie die nächste Woche überleben.

>> Konversationshilfe:

Sie gehören zur Irgendwas-mit-Medien-Generation? Sie sind Ende 20, haben ein MacBook und dreißig unbezahlte Praktika bei Online-Redaktionen und Filmproduktionsfirmen gemacht? Das wird alles nichts. Unser Tipp: Gründen Sie eine Book Agency! Und telefonieren Sie alle Verlage durch. Nicht von den Empfangs-Telefonistinnen abwimmeln lassen! Und so funktioniert es:

Publishing Unlimited, Infotainment Section, Guten Tag!
Ja, hier Tenhagen vom Sachbuchlektorat.

Hi, hier ist Sue von scripts4u mit dem absoluten Burner: »Shoppen mit Lanz«! Der People-Journalist Ben Blitzer walkt, talkt und shoppt mit dem Megastar des German TV-Entertainment! Ein Topseller für Non-Reader!
Hallo, hier spricht Susanne von Manuskript-für-dich mit einem total aufregenden Projekt: »Einkaufen mit Markus«. Der brillanteste TV-Moderator der Welt geht mit dem Klatschreporter Bernhard Blitzer Gemüse einkaufen. Viele Fotos, wenig Text, große Buchstaben: Das ideale Geburtstagsgeschenk für Analphabeten!

Recycelt der nicht bloß seinen Blog?
Hat er das nicht schon erfolglos im Netz angeboten?

Ja, aber das ist die Chance für Crossmedia-Marketing!
Ja! Aber so könnte man im Netz Werbung für das Buch machen!

Sorry, aber flasht mich nicht so.
Das ist ja das Schlimmste, was mir seit Langem angeboten wurde!

Vielleicht interessiert Sie dann das Selfhelp-Book: ›All-over-Piercing und X-treme-Waxing. 1000 Tipps für naughty Girls‹. Von Baby Babs, Last-Year-Third bei ›Germanys next Top-Zombie‹. Sex sells!
Dann hab ich noch einen Ratgeber für pubertierende Mädchen: ›Überall Ringe, nirgendwo Haare‹ von Barbara Bockelmann. Die

wurde letztes Jahr bei ›Deutschlands nächster Titelbildbusen‹ immer gehänselt. Vielleicht erinnert sich noch jemand an sie.

> Burnt noch nicht richtig. Wir suchen ein Hirschhausen-Me-too.
> *So was haben Heyne und Goldmann grade gebracht. Wir ärgern uns ja immer noch, dass Rowohlt Hirschhausen unter Vertrag hat, und wollen dieses Erfolgsrezept jetzt nachmachen. Haben Sie was in der Richtung?*

No Problem! Zum Beispiel ›Superhappy‹ vom Schwetzinger Comedian Robbie Hobby. Könnte auch als Daily Soap funktionieren!
Eigentlich nicht. Aber ein erfolgloser schwäbischer Provinzkabarettist hat mir neulich was zugesandt. Das ist so schlecht, dass sogar das Fernsehen Interesse dran hat.

> Okay, mailen Sie mir mal das Proposal. Ich geb Ihnen dann ein Feedback.
> *Bitte rufen Sie mich nie wieder an!*

For
PRESIDENT

Spindoctors committen sich

POLITIK-DENGLISCH

Man darf sich nicht wundern, dass Begriffe wie *Polity*, *Policy* und *Politics* ganz selbstverständlich englische Begriffe sind, alldieweil die Engländer die Politikwissenschaften erfunden haben. Denn wie der Eskimo hundert Wörter für Schnee und der Hamburger 43 Wörter für Regen hat, so hat der Engländer mehrere Wörter für Politik. Anders als wir Deutschen. Wir haben nur eine einzige Bezeichnung für Politik: »Die-da-oben-sind-doof!« Andererseits ist Politiker-Denglisch das sinnbereinigte Hilfsmittel für ideenlose Politiker jedweder Couleur:

Fällt dir mal nix G'scheites ein,
darf es auch gern Denglisch sein.
Da lacht der Seehofer.

>> Schlüsselbegriffe:

Lobby [*lobbi*]: Direkter Gegensatz zur Demokratie. Allein durch die Macht des Geldes sabotieren Lobbyisten die demokratischen Entscheidungsprozesse im Sinne ihrer Geldgeber. Abgeordnete sind quasi jede Minute von Lobbyisten begleitet, die sich wie eine Filzlaus an ihre Sohlen heften und ihnen permanent perfekt geschmierte Leberwurstbrote ins Jackett stopfen. Das hält auf Dauer kein Volksvertreter aus! Das muss man verstehen. (Vgl. hierzu auch: Verlängerung der Laufzeiten für Atomkraftwerke, Ablehnung der Ampel für Lebensmittel, Mehrwertsteuersenkung für Hoteliers.) Oft anzutreffen im Zusammenhang mit bürgerlichen Parteien.

NGOs [*enn dschi ous*]: Haben den Ruf, besser zu sein als Regierungsorganisationen. Aber warum eigentlich? Vermutlich deshalb, weil eine NGO niemals jemanden zum Vorsitzenden wählen würde, der vorher die Abschaffung dieser NGO gefordert hat. Dirk Niebel (FDP) dagegen wollte noch 2009 das Entwicklungshilfeministerium auflösen. Und wurde dann was? Richtig: Entwicklungshilfeminister! Andererseits ist es sehr mutig, die FDP als Regierungsorganisation zu bezeichnen.

Opinion Leader [*oppinnjen liida*]: Armutszeugnis für die Menschheit: Jahrzehnte nach dem Tod des »Führers«, des GRÖFAZ, scheint es immer noch das Bedürfnis nach Führerschaft zu geben. Solange es Meinungsführer gibt, ist die Demokratie noch nicht ausgereift. Besonders ausgeprägt ist dieses Phänomen bei Teenagern. Innerhalb der *Peergroup* gibt es einen oder mehrere Opinion Leader, die auf eine spezielle Art husten, und schon machen es alle nach. Weil die Werbung das weiß, versucht sie mit allen Mitteln, eben diese Opinion Leader zu beeinflussen und damit deren ganze kriecherische Gefolgschaft gleich mit. »Aufklärung ist der Ausgang des Menschen aus seiner selbstverschuldeten Unmündigkeit« (Immanuel Kant). Na los, ihr Lemminge!

Spindoctor [*spinndokktor*]: Nicht: Nervenarzt für Spinner. Sondern: in Amerika geprägter Begriff einer grauen Eminenz im

Hintergrund, die die Herrschenden mit Information, Strategie und Außendarstellung versorgt. In Deutschland am bekanntesten sind Egon Bahr für Willy Brandt, Michael Spreng für Gerhard Schröder UND Edmund Stoiber und Kajo Wasserhövel für Franz Müntefering. Ein Spindoctor kontrolliert, wann ein Politiker einem Kind durchs Haar streichelt, erfindet für Kennedy das Fernsehduell (Nixon sah aber auch zu schlimm aus), tut Stoiber Kamillentee in den Bierkrug und lanciert gefälschte Bilder von mobilen irakischen Chemiewaffenlabors in den Medien. Durch Ronald Pofalla ist der Begriff leider komplett entwertet.

>> Grundwortschatz:

Big Brother is watching you [*bikk brasa is wottsching ju*]
Die Deutsche Telekom.

Blackout [*bläkkaut*]
... äh, fällt uns gerade nix zu ein ...

committen [*kommitten*]
Wenn man sich zu etwas verpflichtet, es aber nicht ganz so genau nehmen möchte, dann committet man sich eben.

First Lady [*föast läidi*]
Professor Joachim Sauer.

Flower Power [*flaua paua*]
Hippie-Denglizismus aus den 60ern: Die Idee, dass man durch besonders schöne Blumen die Bombardierung Vietnams stoppen könne.

Greenpeace [*griinpiiß*]
Sich an Bohrtürmen festketten. → *Bondage*.

Hippie [*hippi*]
Gammler. Langhaariger Bombenleger. Unzivilisiertes Subjekt. Eigentlich ein total friedlicher,

freundlicher und harmloser Friseurverweigerer, ein Sex-, Haschisch- und Blumenfreund, der aus irgendeinem Grund den Hass der Kurzhaarigen auf sich zieht. Why?

Message
[*mässädsch*]
Jeder gute Politiker sollte eine »Botschaft« haben. Haha, sehr lustig.

Nine Eleven
[*nein ilewwen*]
Coolsprech für den Anschlag auf das World Trade Center und das Pentagon am elften September 2001. Ob Coolsprech für ein derart verheerendes Ereignis wirklich geeignet ist, sei mal dahingestellt.

Outing
[*auting*]
Wörtlich: Ausflug. Im Denglischen ursprünglich: Verraten, dass jemand schwul ist, der es lieber für sich behalten hätte. Heute wird der Begriff für jegliche Form von Geständnis benutzt, mit dem sich der Sprecher einen Anstrich von Rebellentum geben möchte. Man kann sich also auch als Vanilleeis-Hasser outen und ist damit ein voll krasser Typ.

p. c.
[*pi ßi*]
Political correctness. Auch wenn gut gemeint oft das Gegenteil von gut gemacht ist, so versucht

politisch korrekte Sprache doch, niemanden zu verletzen oder herabzusetzen. Gut so. Zu Unrecht verunglimpfte Form des Umgangs miteinander.

Policy
[*pollissi*]
Politik, der Inhalt. Wenn die eine Partei es allen recht machen will, die andere aber auf keinen Fall die Steuern senken will und eine Partei aus Bayern nur etwas sagt, um aufzufallen.

Politics
[*pollitikks*]
Politik. Der Prozess. Wenn Politiker von einem Gipfel zum nächsten stolpern, eine Kabinettsklausur die nächste Regionalkonferenz jagt und der Untersuchungsausschuss das Verfassungsgericht anruft oder einfach auf Brüssel wartet, weil ihm selber nix einfällt.

Polity
[*pollitti*]
Politik, die Form. Die Kanzlerin/der Kanzler bestimmt die Richtlinien der Politik und wird vom Parlament kontrolliert, das die Bürger gewählt haben. Äh, nein, anders: Die *Lobbys* bestimmen die Richtlinien der Politik, die Kanzlerin/der Kanzler hält sich da raus und die Abgeordneten kontrollieren, dass alles im Sinne der Lobbys umgesetzt wird. Und die Wähler bekommen was Schönes in der Zeitung zu lesen.

Pressure Group
[*präscha gruup*]
Steigerungsform von *Lobby*. Mit noch mehr Druck.

Prince of Wales
[*prinz of wäils*]
Bezeichnung für den traurigsten Menschen der Welt. Kein Wunder, bei der Mutter.

Recycling
[*riißaikling*]
Ein Müllmann fährt mit dem Fahrrad alte Plastikgegenstände wieder zurück. Es bleibt die Frage, woher er kam. Denn: Wohin fährt er zurück?

Sex & Drugs & Rock'n'Roll [*ßäkks änd drakks änd roggnroul*]
1. Übersetzung von Liberté, Egalité, Fraternité.
2. Alltag eines Kleinkünstlers.

Slogan [*slougään*]
70er-Denglizismus für: Atomkraft – nein, danke!

Statement [*stäitment*]
Erfolgreicher Versuch eines Politikers, sehr viele Worte abzusondern, ohne eine Frage zu beantworten oder sich zu einem Thema zu äußern. Erfindung der *PR*.

Superman [*supamän*]
Karl-Theodor-Lukas-Kevin zu Guttenberg, bevor man von »seiner« Doktorarbeit wusste.

Think Tank [*ßink tänk*]
Denkfabrik. Auch Brain Box. Background für *Spindoctors*: Wissenschaftler überlegen im Auftrag von Parteien und *Lobbys*, wie man durch *Wording* und Agenda-Setting langfristig die öffentliche Meinung manipulieren kann. Da kommt man ins Grübeln. Haben die Verschwörungstheoretiker doch recht?

War on Terror [*woa on terroa*]
Überfallartige Angriffskriege der USA und ihrer Verbündeten gegen alle möglichen Länder, die niemanden angegriffen haben.

>> Aufbauwortschatz:

Brain Drain [*bräin dräin*]
Viel bejammertes Abwandern wissenschaftlicher Spitzenkräfte in die besser zahlenden Vereinigten Staaten. Merke: Halte deine Bevölkerung dumm, dann wandert sie auch nicht aus.

Failed States [*fäild stäits*]
Somalia. Der Sudan. Das Saarland.

Go-in
[*gou-inn*]

60er-Jahre-Denglizismus, der wie das bei Jugendlichen übliche »Partysprengen« funktioniert: Man geht mit seinen Freunden auf die Fete eines Fremden, legt seine eigene Musik auf, trinkt den Kühlschrank leer und zerstört die Einrichtung.

Lame Duck
[*lehm dakk*]

Regierungschef am Ende seiner Amtszeit. Da bald ein neuer gewählt wird, interessiert sich niemand mehr für den alten: Er wird zur lahmen Ente und sieht nur noch verdammt gut aus. Immerhin.

Not in our Name
[*nott in aua näim*]

Hamburger Initiative, die sich dagegen wendet, dass aus ehemaligen Szene-Stadtteilen Schickimicki-Viertel werden. Konsequent *cooler* Widerstand – not in our Sprache!

Out-of-Area-Einsatz
[*aut-off-äria-*]

Haben mit dem Eid des Bundeswehrsoldaten nur wenig zu tun: »Ich schwöre, das Recht und die Freiheit des deutschen Volkes tapfer zu verteidigen.« Außer Helmut Schmidt, Peter Scholl-Latour und Gregor Gysi ist das aber anscheinend noch niemandem aufgefallen.

Partnering
[*patnaring*]

Nicht: Finden eines Partners durch eine Partnervermittlungsagentur. Sondern: NATO-Truppen jagen gemeinsam mit afghanischen Soldaten Taliban zum Zwecke des *Targeting*.

Point of no Return
[*peunt off nou ritöan*]

Totschlagargument der »führenden Meinung« bei gleichzeitigem Eingeständnis des kompletten Irrtums. Wird dann trotzdem gemacht. Siehe Elbphilharmonie, Stuttgart 21.

Public Private Partnership
[*pablikk praiwett patnaschipp*]

Privatfirmen scheitern an öffentlichen Aufgaben. Toll Collect gurkte 2003/2004 ein Jahr lang herum, sodass dem Bund monatlich 165 Millionen Euro LKW-Maut flöten gingen. Bis heute floss kein Cent Schadensersatz.

Rollback [*roulbäkk*] Adlige als Führungsfiguren.

Sit-in [*ßitt-inn*] Lässt sich mit Wasserwerfern hervorragend entfernen. Allerdings nicht rückstandsfrei.

Starfighter [*staafaita*] Kamikaze in der frühen Bundesrepublik. Alleine 1965 kam es mit dem ersten Kampfflugzeug der Bundeswehr zu 27 Unfällen mit 17 Toten. Heute auch: Verzweifelter Versuch eines Castingshow-Opfers, in die nächste Runde zu kommen (→ *Casting*).

Targeted Killing [*taagettett killing*] Auch Targeting. Früher: Mafiapraktik. Heute: legitimes Mittel im *War on Terror.* Der Taliban oder Hamaskämpfer wird zu Hause beim Frühstück oder in seinem Bett erledigt. Kleiner Hinweis: Vielleicht sollte man sich von den Leuten, die man bekämpft, irgendwie unterscheiden!

Teach-in [*tiitsch-inn*] Aus den 60er-Jahren stammende und in Vergessenheit geratene Form der politischen Aufklärung. Heute ersetzt durch Teilnahme an *Talkshows*.

The Audacity of Hope [*sii oodässitti off houp*] Olaf Scholz hat Ernst Blochs ›Das Prinzip Hoffnung‹ auf Englisch gelesen. Toll! Das erinnert an den Witz: »Ich habe Russisch gelernt, um Marx im Original zu lesen.«

Watch [*wottsch*] Ursprünglich: Uhr. Heute: beliebte Selbstbezeichnung deutscher *NGOs* mit Sitz in Berlin wie *Foodwatch* (für ökologische Lebensmittel) oder Germanwatch (für Klimaschutz). Inzwischen gibt es auch Abgeordnetenwatch, eine *Homepage*, auf der man erfährt, was der eigene Abgeordnete so tut. Gucken Sie lieber nicht nach. Führt zu nachhaltigen Depressionen.

Waterboarding [*wootaboading*]
Kennen Sie das Spiel, bei dem man mit verbundenen Händen einen Apfel mit dem Mund aus einer Wasserschüssel holen muss? Waterboarding ist so ähnlich, nur unfreiwillig.

Waterloo [*wootaluu*]
1. Endgültige militärische Niederlage Napoleons 1815. 2. Alle Wahlergebnisse der bayrischen SPD seit 1949.

White Pride [*wait praid*]
Selbstbewusstseins-Placebo für impotente, hirn- und rückgratlose Idioten. Nazis raus!

Wording [*wöading*]
Okkupation und Verdrehung von Begriffen. So wird jede Kritik an George Bush zum »Antiamerikanismus«, an Israel zum »Antisemitismus«, und Nazis fühlen sich in ihrer freien Meinungsäußerung »diskriminiert«. Ein angenehmeres Beispiel ist das Wort »schwul«. Die Homosexuellen haben das einstige Schimpfwort einfach so lange positiv verwendet, bis es tatsächlich nicht mehr als beleidigend empfunden wurde. Die Rapper versuchen dies derzeit mit dem Wort »Nigger«. Da ist der Weg aber noch weit.

Worst-Case-Szenario [*wöast-käiß-*]
Ausmalen des schlimmsten denkbaren Falls. Auf einer Hochzeit wäre das zum Beispiel: Der Bräutigam knutscht mit der Trauzeugin, das Hochzeitskleid fängt Feuer, der Pfarrer vergisst den Termin, der Fotograf hat die SD-Karte vergessen und die Band spielt nur Schlager.

>> Konversationshilfe:

Politiker wollen Vote-Getter sein. Dazu müssen sie vor unterschiedlichen Zuschauergruppen komplett divergierende Meinungen vertreten, was nicht immer einfach ist. In unserem Beispiel muss ein Parteivorsitzender eine Rede vor dem DGB halten, obwohl Wikileaks gerade ein internes Dokument veröffentlicht hat, in dem er diese Organisation für überflüssig erklärt. In seiner Not sucht er Rat bei einem Spindoctor:

> Ich suche nach einem Content für mein Statement. Meine Credibility hat einen Jetlag.
> *Was soll ich denn jetzt sagen? Die werden mich ausbuhen und mit Eiern bewerfen!*

Es ist eine Challenge. Aber gerade dadurch wirkt es tough und zeigt Leadership.
Lassen Sie die Eier regnen. Das wirkt mutig.

Im Wikileaks-Scoop sage ich, der Trade-Union-Boss sei overrated. Wie kann ich ihn jetzt als good Guy labeln?
Im Netz steht überall zu lesen, dass ich den Gewerkschaftsführer als eitle Schwuchtel bezeichnet habe! Soll ich jetzt sagen, er sei ein bescheidener Hetero?

> Vergessen Sie die People-Komponente. Sie brauchen eine klare politische Message mit 'nem Schuss Political Correctness: gegen den konservativen Rollback, gegen Hire and Fire, Freelancer und Outsourcing, gegen Public Private Partnership und Shareholder-Value! Die Working-Class-Agenda ist old school im besten Sinne.
> *Das Thema übergehen Sie einfach. Sagen Sie Ihnen, ihr politischer Einsatz gegen Ausbeutung und Privatisierung sei zwar veraltet, aber sympathisch, aussichtslos, aber ehrenwert.*

Reicht das für einen Opinion-Drift?
Das wird sie beruhigen?

Sie müssen straight sein, shouten und belten. Fordern Sie ein neues Wording: Arbeiter sind Performer, Betriebsräte Freedom Fighter, Gewerkschaften Selfhelp-NGOs. Und Ihr Leader und Sie sind ein Dreamteam!
Schreien Sie! Weinen Sie! Lachen Sie! Sagen Sie, Sie wollen dahin gehen, wo es brodelt, wo es kocht, wo es auch mal stinkt. Da sind die Gewerkschaften. Da fühlen Sie sich zu Hause.

Wird das mein Public Rating liften?
Wird mir das irgendjemand abnehmen?

Ein Future-View kann immer nur ein Best-Guess sein. Mit einer Tell-them-what-they-want-Strategy sehe ich Potential in der Election-Competition – zumindest in the long Run.
Wenn ich Sie so ansehe: nein. Aber die Hoffnung stirbt zuletzt.

COOLE LOCATION ...GLAUB ICH...

Locations flashen
EVENT-DENGLISCH

Früher gab es Geburtstage, Hochzeiten, Kongresse, 100-Jahr-Feiern und Preisverleihungen. Heute gibt es Events. Organisiert von ständig an der Insolvenz entlangsegelnden Event-Agenturen, in denen *Event-Manager* ihr Unwesen treiben. Wer nichts wird, wird Wirt. Wer gar nichts wird, wird Event-Manager. Denglische Geschäftsnamen und *Claims* sind unverzichtbarer Teil des Selbst-Marketings: »Business 4 You. Events designed to inspire.« Oder: »Scherer&Friends. Get the Difference.« Oder: »We Can. Promotions, Events, Hospitality.«

Events haben immer denselben Ablauf, denselben Inhalt und dieselben Fehler. Es gibt zu viele Programmpunkte, zu lange Reden und zu viel Essen. Die *Showacts* gehen in lautstarkem Gemurmel unter und am Ende sind alle betrunken – und milde gestimmt. Weswegen sich am nächsten Morgen auch niemand mehr daran erinnert, dass es zu viele Programmpunkte gab, zu lange Reden und viel zu viel zu essen. Doch, einer hat etwas daraus gelernt. Der langjährige Leiter der Hamburger Musikhochschule, Hermann Rauhe, entwickelte eine Veranstaltungsreihe ohne Reden, ohne Programmpunkte, ohne Show. Einziger Inhalt: Die Gäste haben jede Menge Zeit, sich miteinander zu unterhalten. Da das alle Event-Manager arbeitslos gemacht hätte, hat sich diese Innovation leider nicht durchgesetzt.

>> Schlüsselbegriffe:

Catering [*käitering*]: Herz, Kopf, Seele und Bauch des Events ist das Essen und Trinken. Das für die Gäste kostenlose Essen und Trinken! Und das lassen wir uns nicht zwei Mal sagen. Dabei hat das Buffet in 90 % der Fälle das althergebrachte Menü abgelöst. Am Buffet kann man sich beliebig oft nachnehmen – und dadurch praktisch unbegrenzt viel essen. Kleiner Nachteil: Man verbringt die Hälfte des Abends in einer murrenden Schlange, und wenn man drankommt, sind die Mozzarella-Tomaten alle und das Gratin ist nur noch lauwarm. Das stört aber höchstens angereiste Schweizer oder Franzosen. Beliebt sind auch Länder- und Themenbuffets. Die engagierten Künstler (*Showacts* und *Walkingacts*) erhalten dagegen ein eigenes Low-Price-Catering auf dem Niveau einer volkseigenen Betriebskantine.

Event-Manager [*iwännt-männädscha*]: Veranstaltungskaufmann. Würde sich aber nie so nennen. Genießt die Nähe zu den Reichen (die ihn engagieren) und den Berühmten (die er engagiert). Verspricht dem zugleich hilflosen und anspruchsvollen Geldgeber Glamour, Glitter, große Welt, um ihm ein größeres Budget abzuquasseln. Entwickelt täglich neue Dispos und Zeitpläne, die aber nie hinhauen. Hat inzwischen den Chefarzt abgelöst als Hauptfigur in Frauenromanen und Sat1-ZDF-ARD-RTL-Dienstagabendfilmen. Changiert ähnlich wie der *Consultant* in 98 % der Fälle zwischen Dummquatscher, Labertüte, Wichtigmacher, Quasselkönig, Blender, Angeber und armer Sau.

Showact [*schooäkkt*]: Sänger, Schauspieler, Musiker, Kabarettisten, kurz: Künstler aller Art, die die Event-Gäste auf einer improvisierten Bühne unterhalten sollen, um einen unvergesslichen Glanzpunkt zu setzen. Die Gäste interessieren sich aber meistens nicht für den Glanzpunkt. Sie plaudern lieber miteinander (→ *Smalltalk*) oder stehen am Buffet an (→ *Catering*). Der Showact muss sich damit abfinden, dass ihm niemand zuhört oder zusieht. Er singt, spielt oder spricht ins Nichts. In sehr großen *Locations* wie der Hamburger Fischauktionshalle, die 2000 Gästen Platz bietet, liegt die Wahrscheinlichkeit, dass jemand den

Showact beachtet, bei 0 %. Warum er dennoch regelmäßig gebucht wird, begreifen nur *Event-Manager*.

VIP [*wipp*]: Very important person. Tautologie aus der Medienwelt: Jemand, über den ununterbrochen berichtet wird, weil ununterbrochen über ihn berichtet wird. Im Event-Business zuständig für den *Glamour*. Die *Event-Manager* haben festgestellt, dass aufgrund der Event-Inflation über viele Events gar nicht mehr berichtet wird. Daher bekommen VIPs inzwischen ein Honorar für bloßes Erscheinen, gestaffelt nach A-, B-, C- und D-Promis. Ein gutes Geschäft für Fernsehköche, 70er-Jahre-Schlagersänger und 80er-Jahre-Tennisgrößen und die Agenturen, die diese abgehalfterten Gestalten an rasend uninteressante Events verkaufen.

>> Grundwortschatz:

Act [*äkkt*] Künstler von faustischer Tragik: hat seine Seele über einen *Booker* an einen *Event-Manager* verkauft. Die seelischen Abgründe eines Showbandmusikers schildert Heinz Strunk in: ›Fleisch ist mein Gemüse. Eine Landjugend mit Musik‹. Beim Lesen muss man entweder heulen oder hysterisch auflachen. Zumindest, wenn man selbst mal auf einer Event-Bühne gestanden hat.

Booker [*bukka*] Früher: Name eines renommierten Literaturpreises (Booker Prize). Heute: Jemand, der *Acts* für Events »bookt«, also bucht.

Charity Lady [*tschärritti läidi*] Selbstaufwertung gelangweilter Frauen von überreichen Industriellen/Adligen/Politikern: *Celebrities* zusammentrommeln, die angeblich für einen guten Zweck sehr teures *Catering* konsumieren. Für den guten Zweck ersteigerte z. B. Tim Mälzer auf einer Gala der Charity Lady Ute

Ohoven eine Uhr für 51 000 Euro. Für den guten Zweck überwiesen wurden am Ende nur 11 000 Euro. Von irgendwas muss der *Event-Manager* ja auch leben!

Delay
[*diläi*]

»Sorry, wir haben eine Stunde Delay!« bedeutet: Der *Showact* muss eine weitere Stunde in dem unbeleuchteten Kartoffelkeller, der als Künstlergarderobe dient, auf seinen Auftritt warten, weil die Gäste sich noch am Buffet drängeln.

Feeling
[*fiiling*]

Zweck des Ganzen: Wenn die Gäste an den Event-Veranstalter denken, sollen sie ein gutes Gefühl bekommen. Paradox: Wenn der Veranstalter an den *Event-Manager* denkt, bekommt er sehr ungute Gefühle.

Full Service
[*full ßöawiss*]

Leeres Versprechen von Event-Agenturen, um ahnungslosen Auftraggebern ein maximales Budget abzuschwatzen. Entsprechung zur *All-inclusive*-Masche bei Reiseveranstaltern.

Get-in
[*gett inn*]

Eintreffen. Erst Techniker. Dann Künstler. Dann Gäste. Dann *Celebrities*.

Glamour
[*glämma*]

Glanz, Ausstrahlung. Hauptziel des überteuerten *Events*. Dafür sorgen die *Location*, die Deko, das 10-Länder-Buffet, vor allem aber Heiner Lauterbach, Boris Becker und im Notfall auch Roberto Blanco (→ *VIP*).

Location
[*lokäischn*]

Zentral für das glamouröse *Event* ist die abgefahrene Location. Alte Fabrikhalle. Tigerhaus im Zoo. Maharadscha-Zelt. Lagerhalle im Hafen. Segelschiff. Sylter Strandbar. Je unpraktischer, desto besser. Entscheidend ist das *Feeling*, das rüberkommt.

Networking [*nettwöaking*] — Neben dem *Catering* der Hauptgrund, warum überhaupt jemand freiwillig ein *Event* besucht: Jemanden, den man nicht ausstehen kann, so behandeln, als wäre er ein uralter Freund, in der Hoffnung, irgendwann den Abteilungsleiterjob zu kriegen.

Open End [*oupn ennd*] — Nicht: offenes Ende (das haben nur Geschichten). Sondern: die Nacht durch bis in den frühen Morgen. Für Alkoholiker eine frohe Botschaft. Für die Showband ein Alptraum.

Party [*paady*] — 1970er Jugendsprech für ein Tanzfest von Jugendlichen. Die damaligen Teenager sind heute über 50 und feiern daher jetzt Ü-40-Partys (gelungene Verbindung von Euphemismus und Anglizismus), eine Event-Form, der eine besondere Melancholie innewohnt.

Public Viewing [*pablikk wjuing*] — In den USA: öffentliches Aufbahren einer Leiche. In Deutschland: öffentliche Bierdusche mit Hintergrundgesang (»Schlaand!! Schlaaand!«).

Security [*ßikkjuritti*] — Dicke übertrainierte und untergebildete Männer mit Knopf im Ohr, die signalisieren, dass *Celebrities* in der Nähe sind.

Shuttle [*schattl*] — Wie Taxi, nur kostenlos. Bekommen grundsätzlich nur Leute, die sich ein Taxi leisten könnten.

Smalltalk [*smooltook*] — Kleinsprech. Genialer Denglizismus. Hauptbeschäftigung von Event-Gästen: Vortäuschen von Gesprächen zum Zweck des *Networking*.

Star [*staa*] — Der Star des Abends ist bei einem *Event* zuverlässig vor mindestens 30 Jahren ein Star gewesen, sonst würde er sich beim 50-jährigen Jubiläum von »Möbel-Ralf« gar nicht blicken lassen. Wie hieß eine Revue im Hamburger Schmidt-Theater? ›Sag beim Abschied leise Hossa‹.

Top-40-Band [*topp-foati-bänd*] Auch: Showband. Versucht ab zehn Uhr abends, die betrunkenen Gäste zum Tanzen zu bringen. Die Top-40-Band gehört nicht etwa zu den 40 besten Bands des Landes, sondern beherrscht die aktuellen Top-40-Hits. Sie sieht aus wie eine Rockband, ist aber keine. Sie hat keine eigenen Lieder, keine eigenen Fans, keine eigenen Konzerte. Niemand kommt, um sie zu sehen. Umgekehrt: Die Gäste sehen, wie die Band kommt. Beide Seiten ertragen das Aufeinandertreffen nur durch sehr viel Alkohol. Immerhin: Die Gäste können irgendwann gehen. Die Band nicht.

VIP-Lounge [*wipp-laundsch*] Die gebuchten *Celebrities* verlangen einen Extra-Raum, in dem sie ausschließlich auf andere Möchtegernpromis, deren *Manager* und *People-Journalisten* treffen, denen sie erzählen können, wie wichtig sie immer noch sind, obwohl sie es nötig haben, bei »50 Jahre Möbel-Ralf« aufzukreuzen. Befindet sich die Örtlichkeit indoor, handelt es sich um die VIP-Lounge.

>> Aufbauwortschatz:

Aftershow [*aftaschoo*] Nicht: Zeigen bestimmter Körperteile. Sondern: Abkürzung für Aftershow-Party. Dort kann man versuchen, Mario Adorf am Aftershow-Buffet zu sagen, dass man ihn in ›Illuminati‹ fantastisch fand. Leider wird er mürrisch gucken, denn das war Armin Mueller-Stahl.

Celebrities [*ßäläbbrittiis*] Hochgeschriebene Angehörige des modernen Medienadels. → *VIP*.

Come-together
[*kamm tugässa*]

Angestrengtes Herumstehen der Gäste mit Sektgläsern vor Eröffnung des Buffets. Das hierbei erlittene Hungertrauma wird danach stundenlang abgearbeitet.

Flashmob-Event
[*fläschmobb iwännt*]

Eine Flashflood ist eine plötzliche Monsterwelle. Ein Flashmob eine plötzliche Menschenansammlung. Jugendliche trommeln sich auf Facebook zusammen, um irgendwo gemeinsam Unsinn zu machen. Aber warum müssen sogar solche sympathischen Sponti-Aktionen *Event* heißen?

Follow
[*follou*]

Verfolger. Verstellbarer Scheinwerfer, mithilfe dessen der Künstler unschuldige Opfer im Publikum zur Freude der übrigen Zuschauer demütigen kann.

Incentive
[*inßänntiff*]

Belohnung für fleißige Mitarbeiter. Früher kriegte man für die Eins im Zeugnis 20 Mark von der Omi. Heute bekommt man für 250 Riester-Verträge die »Dragonfire-Night auf Sardinien«. Leider hat auch hier die Finanzkrise zugeschlagen: »5-Sterne-Hotel und Lachsschnittchen waren gestern. Heute laden wir Führungskräfte in die Eifel ein und lassen sie ihre Brote in der Jugendherbergsküche selbst schmieren. Das hat noch keiner vergessen.« Tja. Meine Fußoperation in der Türkei ohne Betäubung werde ich auch nie vergessen!

Kick-off
[*kikk-off*]

Eigentlich: Anstoß beim Fußball. Event-Heinis machen daraus den Vertriebs-Kick-off, den Central-Europe-Kick-off und den 3-Tages-Kick-off. Wir empfehlen stattdessen die Event-Piss-off-Strategie. Spart viel Geld, das Sie Ihren Mitarbeitern als Gehaltserhöhung auszahlen können. Darüber freuen sie sich garantiert mehr als über den Incentive-Kick-off-Trommelworkshop im Heidepark Soltau.

Rider
[*raida*]

Auch: Technical Rider. Anweisung des Künstlers, wo und wie welche Scheinwerfer und Lautsprecher zu platzieren sind, damit der Techniker die Show fahren kann. Und ein Dokument der Hilflosigkeit. Denn der *Event-Manager* guckt sich den Rider nie an.

Roadshow
[*roudschoo*]

Etwas missverständlich. Auf einer Roadshow werden keine Straßen gezeigt. Es geht auch nicht um Erdbeerstände an der Straße. Sondern: Sobald ein Werbe-Event an verschiedenen Orten wiederholt wird, steigt es zur Roadshow auf. Wenn Sie sich nicht entscheiden können: »Event, Roadshow oder Promotion, unsere Projekte greifen direkt und vermeiden Streuverluste.« Verspricht jedenfalls die Akzente Event Retail Group. Äh, was genau heißt »Retail«?

Save the Date
[*säif se däit*]

Hilfe! Ich fürchte, du findest mich so uninteressant, dass du nicht zu meiner Hochzeit kommst. Deshalb schicke ich dir ein Jahr vorher diesen Bettelbrief, in dem ich dir jetzt schon androhe, dich in einem halben Jahr einzuladen. Und wenn du dann nicht kommst, dann äh, dann, äh – was mach ich dann?

Stagehand
[*stäidschhännd*]

Arme Sau, die für praktisch kein Geld beim Bühnenaufbau mithelfen muss. (Früher: »Junger Mann zum Mitreisen gesucht!«)

Teambuilding
[*tiimbilding*]

»Gehen Sie weiter! Bilden Sie keine Gruppen!«, verlangte früher die Polizei von Anti-Schah-Demonstranten. Heute geben Companys sauteure Mitarbeiter-Events in Auftrag, damit sich diese

Gruppen doch noch bilden. Hätte man billiger haben können.

top
[*topp*]

Imperialistisch verbreitetes Adjektiv im Event-Bereich mit beliebigen Anschlussmöglichkeiten. So wird »Stricken mit Else« im »Haus der evangelischen Arbeiterbewegung Sauerland« zum Topevent in einer Toplocation mit einem Topact vor einer Topkulisse mit Topcatering – Kaffee und Kekse.

VIP-Area
[*wipp-äria*]

Outdoor-Lounge: ohne Sofa, ohne Buffet, teilweise mit einem Zaun, hinter dem Fans lauern und warten. Erinnert dann sehr stark an einen Zoo.

Walkingact
[*wookingäkkt*]

Trompeter, Stelzenläufer und Liedermacher laufen für wenig Geld durchs Publikum und führen etwas vor, was niemanden interessiert. Zauberkünstler müssen unschuldige Gala-Gäste einzeln ansprechen, um ihre Tricks vorzuführen (Close-up-Zauberei). Noch unwürdiger als der *Showact*.

>> Konversationshilfe:

Event-Manager leiden immer unter Auftragsflaute und freuen sich über jeden Anruf. Selbst wenn Sie gar nichts buchen wollen – rufen Sie einfach mal an! Das Gespräch wird auf jeden Fall sehr unterhaltsam. So viele Denglisch-Vokabeln in einem Satz schaffen sonst nur Tontechniker!

> Hallo, hier Meisel von der Klempnerfirma Hupke. Wir wollen unser 25-jähriges Bestehen feiern. Bin ich da bei Ihnen richtig?
> *Hier Meisel, Communication Chief von Mobile Installation Services Incorporated. Wir planen ein Jubilee-Event für unseren Quarter-Century-Birthday und checken gerade diverse Event-Options.*

Schön, dass Sie anrufen! Wir führen seit 30 Jahren Veranstaltungen für Firmen aller Art durch!
You're welcome! »MyEvent&More™« ist die long-year Top-Agency für Development, Planning, Shaping und Performing von Smart Company Celebrations! Unsere Clients' Backlist ranged vom Global Player bis zum Local Heroe!

> Was können Sie uns empfehlen?
> *Welche Event-Solutions haben Sie im Portfolio?*

Wie wäre es mit einer richtig großen Feier mit üppigem Buffet, vielen Künstlern, Tanzkapelle und echten Promis?
First Choice wäre das Premium-Luxury-Event »Glamour for Glory« mit Twenty-Country-Dinner, international Stage-Art-Entertainment und All-Night-Showband incl. VIP-Booking und Full Service!

> Das wäre wohl zu teuer. Geht es auch etwas kleiner?
> *Das Controlling hat das Budget downgesized. Gibt's auch eine medium Price-Option?*

Sicher! Feiern Sie doch in einem Zelt mit deutschem Buffet und Alleinunterhalter!
Never mind! Booken Sie das Master-Event 2.0 mit Tent-Comfort, One-Nation-Catering und Single-Man-Stand-up-Comedyshow!

Wir mussten gerade Mitarbeiter entlassen! Gibt es noch etwas Günstigeres?
Unsere Company macht at the Moment ein Corporate-Team-Relaunch. Haben Sie auch ein Low-Cost-High-Class-Product?

Klar! Erbsensuppe im evangelischen Kegelheim mit anschließendem Kaffeetrinken und 70er-Jahre-Schlager aus dem Kassettenrekorder!
Sure! Unser »Don't worry, be happy«-Event im American Bowlingcenter mit All-for-one-Soup, Coffee&Cake-Service und Top-Seventies-Disco mit Old-school-Equipment!

Klingt interessant. Wir überlegen uns das noch mal. Auf Wiederhören!
Charming! Ich werde im nächsten Meeting unsrem CEO ein Paper dazu vorlegen. Bye-bye!

FUCK
U ALL!

Bands performen
ROCK'N'ROLL-DENGLISCH

Musiker sind von Businesstypen kaum zu unterscheiden – rein sprachlich natürlich, selbstverständlich –, denn auch der ungepflegteste Punkrock-Gitarrist kann dich mit Denglizismen überschütten, die jeden Wallstreet-Haargel-User erblassen lassen: Ist ein Riff nun *in tune* besonders dirty oder eher out of tune (was ist schon ein Halbton unter Freunden)? Muss der *Groove* eher *laid back* gespielt werden und das *Break tight* oder umgekehrt? Wenigstens für den Rough-Mix? Stimmt das *Feeling*, wenn der *Dirty Tone* etwas zu bluesy gejammt wurde, oder hätte der Faser etwas *smoother* getimet werden müssen im *Chorus*? Egal, ich steck jetzt mal meine Axt in den *Vintage-Amp* und halte das Brett voll rein. (Hä?)

>> Schlüsselbegriffe:

Backstage [*bäkkstäidsch*]: Künstlergarderobe. Hat sich inzwischen zu einer Mischung aus Chill-out-*Lounge* und Jugendzentrums-Teestube entwickelt, was bedeutet, dass eine unspezifische Menge merkwürdiger Sofas sinnlos in der Gegend rumstehen, der einzige Spiegel mit Bandstickern zugeklebt ist, an die Wände lauter Eddingsprüche gekritzelt sind und der ganze Raum voll ist mit den Freunden der Freunde des Schlagzeugers, die keiner kennt, sodass alle Instrumentenkoffer im Auto gelagert werden müssen und niemand sich umziehen kann.

Band [*bänd*]: Bande von Vollverrückten, die zusammen dem Gott des Liedgutes huldigen. Seit der Abschaffung des Raubrittertums sind junge Männer mit romantischem Rudeltrieb heimatlos geworden. Die Band bietet ihnen die Möglichkeit, wieder wie Robin Hood (*Leadsänger*) im Wald (Probenraum) zu leben und mit Little John (Gitarre), Bruder Tuck (Bass) und dem Ding aus dem Moor (Schlagzeug) finsteren Jungmännerritualen (*Sessions*) zu frönen und dabei Unmengen von Bier zu trinken. Eine Band ist wie eine Religion oder die Mafia: Man kommt rein, aber nicht wieder raus! Schon Keith Richards sagte: Es gibt nur einen Weg, die Rolling Stones zu verlassen, und das ist mit den Füßen voraus! Daraufhin hat Bill Wyman sofort gekündigt. Auch geläufig in Bandfrieden (der Bassist übt endlich seinen Part), Bandbitch (Freundin des Schlagzeugers), Bandbus (das Auto des Schlagzeugers) und Bandname.

Blues [*bluus*]: Öffentlich zur Schau getragene und in tranige Musik verwandelte schlechte Laune. »Der« Blues ist übrigens grammatisch falsch übersetzt: »The Blues« kommt von »Blue Devils« (Blaue Teufel) und ist eine lyrische Umschreibung von Melancholie (»I got those blues«). Es müsste also eigentlich »die« Blues heißen. Den Blues hat man. Oder eben nicht (*Ska*).

Groupies [*gruupiis*]: In der Mythologie gibt es viele Erscheinungsformen der freien, freudenverheißenden Frau. Undine, Nymphen, Meerjungfrauen, die Sirenen.

Den Autoren dieses Buches leider unbekannt. »Aber«, um den großen Philosophen Julio Iglesias zu zitieren, »der Traum war sehr schön ...«

Roadie [*roudi*]: wörtlich: Straßie. Großer starker Mann mit kaputtem Rücken. Immer in der Umgebung von Musikern zu finden. Sehr erfolgreich bei den Groupies, daher verantwortlich für den *Blues* seines Arbeitgebers.

vintage [*winntättsch*], ***old school*** [*ould skuul*], ***retro*** [*retro*], ***classic*** [*klässik*]: Eigentlich heißen diese Begriffe alle nur: alt. Uralt. Versuch einer Differenzierung: Ist eine Gitarre »vintage«, hat sie früher tatsächlich Jimi Hendrix' Bruder gehört. Ist sie »retro«, hat lediglich jemand mit Schleifpapier so lange auf einer neuen Gitarre herumgerieben, bis sie aussah wie die Gitarre von Jimi Hendrix' Bruder. »Old school« bezieht sich wiederum auf den Stil. Man kann also ziemlich old school (altmodisch) auf einer brandneuen Gitarre spielen. Und umgekehrt: Heute noch eine Strat zu spielen, ist auch ziemlich old school (alte Schule). »Classic« wiederum ist nicht alt, sondern bar aller später hinzugekommenen *Features* (»jetzt wieder wie früher«) und darum teurer.
Wer diese Begriffe nicht unterscheiden kann, sieht ziemlich alt aus.

>> Grundwortschatz:

Amp [*ämp*] — Liebevolle Kurzform von »Amplifier«. Eigentlich nur ein Gerät zur Verstärkung von unhörbaren elektrischen Impulsen. Für Gitarristen aber eine Religion.

Break [*bräik*] — Plötzliche Stille, die garantiert vom Bassisten verschlafen wird.

Charts [*tschaats*] — Bundesliga-Tabelle für Liedgut.

Chorus
[*koorus*]
Kehrreim. Oft Träger der *Hookline*. Ständig wiederkehrender Teil eines Liedes, der den mitsingbereiten Fan von der abwechslungsreichen Strophe erlöst. »Dann hebt er ab und: Vöööllig losgelöst vooon der Eeerde …«

Country
[*kanntri*]
Schlimme Musikrichtung.

Cover
[*kawwa*]
Schöne Hülle für eine Schallplatte. Ach, das waren noch Zeiten!

Drummer
[*dramma*]
Ähnlich wie der *Keeper* ein Wesen zwischen Affe und Mensch, das auf allerlei Kisten und Fellen herumprügelt und dadurch auf Frauen eine magische Wirkung ausübt.

Elvis
[*ellwiss*]
Hüfte.

Equipment
[*ekwippment*]
Musikersprech für: Ich hab mich total verschuldet, um all diese schweineteuren Geräte zu kaufen, die sie mir im Musikgeschäft aufgeschwatzt haben.

Fan
[*fään*]
Die besten und tollsten Menschen der Welt – wir verdanken euch alles! Ohne euch wären wir nichts!

Feedback
[*fiidbekk*]
1. Sich selbst fütternde Tonschleife. 2. Du, ich sag dir jetzt mal ganz offen, was das mit mir gemacht hat, was du da gerade gesagt hast, o.k.?

Festival
[*fästiwell*]
Drei Tage. Zehn Bühnen. 80 *Bands*. 150 Euro Eintritt. 2000 kg Hasch. 300 000 Zuschauer. Im Bereich der Kleinkunst aber auch: drei Konzerte in acht Monaten (»A-cappella-Festival«).

Funk
[fank]
Tanzorientiertes Dauergeschraddel auf der Gitarre mit Unterstützung durch einen daumengeschlagenen Bass unter Hinzunahme von James Brown und George Clinton.

Gig
[gikk]
Schlechtbezahltes Konzert einer Band. Aber was soll's. Die Jungs sind glücklich.

Gospel
[gosspäll]
Sexersatz für sehr, sehr dicke Frauen. Religiös verbrämt.

Hit
[hitt]
Schlager. Das ist leider die wörtliche und auch inhaltliche Übersetzung, *sorry*.

jammen
[dschämmen]
Verb zu »Jam« (Marmelade). Also: Lasst uns zusammen ein bisschen marmeladen. Im Idealfall geht die Post ab und es entsteht neue Musik. Im anderen Falle ist es Kakophonie.

Jazz
[jatz]
Vormittags: Den Alkoholgenuss fördernde Frühschoppen-Begleitmusik. Abends: Lange, fingerbrechende Einzelvorführungen, begleitet von selbstzufriedenem, zustimmendem Kopfnicken.

Jazzer
[jatzer]
Sagt der Arzt zum Jazzmusiker: »Es tut mir leid, Sie haben nur noch zwei Wochen zu leben.« Sagt der Jazzer: »Ja, aber wovon denn?!«

Leadsänger
[liid-]
Das Bandmitglied, das vorne in der Mitte steht und mit Hilfe seiner Stimme die führende Melodie zum Besten gibt. Auch Frontsänger oder Frontsau. Im Grunde genommen ist der Leadsänger der Liedsänger.

live
[laif]
Bühnenaufführung unter Vermeidung von Abspielgeräten. Das Vermeiden gelingt nicht immer. Wichtig: »live« kommt von »alive« und

heißt lebendig. Deswegen geht Keith Richards immer noch auf die Bühne.

Musical
[*mjusikell*]

Musikalische und theatrale Effekte, losgelöst von Inhalt und Gefühl. Durch die stark überhöhten Eintrittspreise wird dem Zuschauer jegliche Möglichkeit der Kritik genommen, denn wer will schon 200 Euro in den Sand gesetzt haben.

Oldie
[*ouldi*]

Bittere Erkenntnis mit 40: Wenn deine Lieblingshits im Oldie-Sender laufen, mein Lieber, dann bist du selber einer.

on Tour
[*onn tuur*]

Seit dem Niedergang des Tonträgerverkaufs geht jede Band, die eine ärztliche Genehmigung erhält, wieder on Tour. Das Grauen!

Open Air
[*oupn äa*]

Sehr teures Konzert, bei dem man die Künstler nur als winzige Punkte am Horizont erkennen kann. Die Musiker haben ein Dach, die Zuschauer nicht.

Opener
[*oupenna*]

Vorgruppe. Zahlt dem Topact viel Geld, um überhaupt spielen zu dürfen. Zum Ausgleich gibt es kein *Catering* und der Tontechniker dreht den *Sound* leiser als beim Hauptact.

out of tune
[*aut off tjuun*]

Was unterscheidet die erste und die zweite Bratsche? Ein Viertelton.

Playback
[*pläibäkk*]

Wenn die Gitarren keine Kabel haben, auf dem Schlagzeug Kissen liegen und die Kehle des Sängers sich nicht bewegt: umschalten!

Punkband
[*pankbänd*]

Die musikalische Umsetzung des Satzes von Josef Beuys: Jeder ist ein Künstler. Hat er das gemeint?

Reggae [*räggi*] — Aus der Karibik stammendes Hintergrundgeräusch, während man sehr viel *Dope*, *Shit* und Pot raucht.

Rock'n'Roll [*roggn roul*] — 1. Frauen durch die Luft schleudern. 2. Gruß unter Leuten mit schwarzen bedruckten T-Shirts.

Session [*ßäschn*] — Musiker *jammen* ungeprobt zusammen, spielen also fast immer den *Blues*.

Song [*ßong*] — Gesungene Liedeinheit von exakt 3 Minuten 35. Sonst wird's im Radio nicht gespielt!

Soul [*ßoul*] — Jammern mit Musik. Steter Niedergang von Ray Charles zu Xavier Naidoo.

Sound [*ßaund*] — Ohne *Manager* und sehr viel *Equipment* niemals zu erreichen.

Standing Ovations [*ständing ouväischns*] — Vorsicht: Manchmal erhebt sich das Publikum nur, weil das Konzert zu lang war und man aus stehender Position heraus schneller zur Garderobe kommt.

Star [*staa*] — Kollege von Amsel, Drossel und Fink.

Swing [*schwing*] — Von Fingerschnippen begleitetes Rumstehen.

Ticket [*tikkett*] — Überteuerte Eintrittskarte, von der der Künstler aber keinen Cent sieht, weil das ganze Geld für *Equipment*, *Marketing* und *PR* draufgegangen ist. Den Rest bekommt der *Manager*.

unplugged [*annplakkt*] — Mit viel Strom aufgenommenes Musikstück unter Nichtbenutzung von Steckern – außer für die Mikrofone, Hammondorgel, Gitarren, den Bass, die riesige Lichtschau und die Warmhalteplatten fürs *Catering* der Musiker.

>> Aufbauwortschatz:

Afterglow [*aftaglou*]	Nicht: Gefühl nach scharfem Essen! Sondern: zwanghaftes Singen einer A-cappella-Gruppe nach dem Konzert am CD-Tisch.
Backliner [*bäkklaina*]	Kann eigentlich viiiel besser Gitarre spielen als der Gitarrist, darf aber nur dessen *Amp* aufbauen und *checken*. Ist gut im Bett.
Barry White [*bärri wait*]	Sehr tiefer Rülpser.
belten [*bellten*]	Gesangstechnik von Musicaldarstellern, die zu Kopfschmerzen, Depressionen und bleibenden Hörschäden führt.
Blowjob [*bloudschobb*]	Konzertengagement eines Blockflötisten oder einer Blockflötistin. Es kann sich auch um eine Querflöte handeln.
Bottleneck [*bottlnekk*]	In Gehörbildung ungeschulte deutsche Vorstadtblueser versuchen den Ton zu treffen, indem sie einen Flaschenhals auf die Gitarrensaiten halten.
Break-even [*bräik-iwen*]	Punkt, an dem die Kosten »eingespielt« sind. In diesem Augenblick haben alle ihr Geld bekommen. Nur der Künstler nicht.
catchy [*kättschi*]	Es gilt folgendes Axiom: Je schlimmer das Lied, desto catchier ist die *Hookline*! Einziges Prinzip von Liedern im Bereich des Ballermanns.

Chicken Shake
[*tschikkn schäik*]
Vom Tierschutz verbotene Art der Rhythmuserzeugung.

Day off
[*däi off*]
Der Musiker hängt einen Tag in der Luft und verschönert sein Hotelzimmer.

Deadnote
[*dädnout*]
Schlecht gegriffener Ton auf einem Saiteninstrument, der nur ein Geräusch zur Folge hat. Manche können das aber unglaublich *groovy*, und dann sind die Deadnotes besser als die lebenden.

Delay
[*diläi*]
Nicht nur Musiker, auch ein Ton kann sich verspäten. Die Alpenbewohner nennen das »Echo«.

Dirty Tone
[*dörti toun*]
Beliebte Ausrede für eine schlechte Intonation.

Doggystyle
[*doggistail*]
Auf den Hip-Hopper und Pornoproduzenten Snoop Doggy Dogg zurückgehende Art zu rappen.

Doors open
[*doos oupn*]
Die übellaunigen Ordner eines Konzerts lassen gnädigerweise die Zuschauer herein.

Drum'n'Bass
[*dramm n bäiss*]
Langweilige Musikrichtung. Der Name gibt einen ungefähren Hinweis auf die Instrumentierung.

Evergreen
[*äwwagriin*]
Altersversorgung von Komponisten.

Fade-out
[*fäid-aut*]
Trick eines Komponisten, dem kein Schluss für sein Lied eingefallen ist.

FOH
[*eff oh haa*]
Front of House: mitten im Publikum. Hier sollte das Mischpult stehen. Im Theater: im Rang hinter einer Glasscheibe, logisch.

funky
[*fanki*]
Privilegierte Eigenschaft von Afro-Amerikanern und ihrer Musik. Steigerungsform von *groovy*.

Gangsta-Rap
[*gängsta-räpp*]
Gereimte Sammlung von unanständigen, frauen- und schwulenfeindlichen Kraftausdrücken.

groggy
[*groggi*]
Drummer nach zwanzig *Groupies*.

groovy
[*gruuwi*]
Der Grund, warum der *Drummer* die *Groupies* abgekriegt hat.

gut performed
[*-pörfoomt*]
Amtlich abgeliefert. Voll reingehalten. Heftig angeboten. Für Lob haben die Musiker eine sehr blumige Sprache entwickelt.

Headset
[*hädßätt*]
Technisches Mittel, um eine menschliche Stimme in einen akustischen Alptraum aus scheuerndem Metall zu verwandeln.

Heavy Metal
[*häwi mättl*]
Sexersatz für noch dickere Männer (→ *Gospel*).

Hip-Hop
[*hipp-hopp*]
Sprechgesang zur Kassette bei gleichzeitiger Bemalung von öffentlichen Gebäuden und Reinigung des Fußbodens durch im Kreise herumwirbelnde Verrückte (Breakdance).

Hookline
[*hukklain*]
Der Teil einer Melodie, der sich sofort im Hirn verhakt und einen dann als Ohrwurm in den Wahnsinn treibt. Komponist reimt sich auf Sadist.

laid back
[*läid bäkk*]
Ausrede eines Schlagzeugers, der schlicht und ergreifend zu langsam spielt.

Magic Chords
[*mädschikk kods*]
C-Dur, a-Moll, F-Dur, G-Dur. Und jetzt alle!

mellow
[*mellou*]
Magischer Klang. Ein Fender-Rhodes-Piano klingt so. Am besten mit Karamell zu übersetzen. Also, wenn man Karamell hören könnte.

Mooning
[*muuning*]
Dem Dirigenten den nackten Hintern zeigen, während dieser dirigieren muss.

Mouthpercussion
[*mausperkaschn*]
Durch Mundfurzen und Niesen erzeugter Rhythmus. Für Anfänger: Sagen Sie einfach »böse Katze« ganz oft hintereinander. Auch bekannt als Beatbox.

PA
[*pii äi*]
Poplige Anlage. Aber sagen Sie das niemals dem Mann am Pult!

Performance
[*pörfoomens*]
Nicht umsonst machen die Castingshow-Opfer immer eine »Performance« und nie einen Auftritt.

signen
[*ßainen*]
Einen Musiker so unter Vertrag nehmen, dass er selbst im Erfolgsfalle an seiner Musik niemals etwas verdienen wird.

Ska
[*ska*]
Reggae für Hyperaktive, posaunenlastig.

Soundcheck
[*ßaundtschekk*]
Prozedur, um Musiker zu quälen. Dauert mindestens zwei Stunden und endet ergebnislos, weil sowieso alles total anders klingt, sobald die Zuschauer im Saal sind.

Style
[*stail*]
Wilhelm Busch hatte die geilsten Styles.

Sustain
[*sustäin*]
»Klingdauer eines Tones ohne weitere Unterstützung durch den Musiker« ist ein kleines bisschen zu lang.

tight
[*tait*]
Wer einmal einen Schlagzeuger erlebt hat, der wirklich tight spielt, der weiß, wofür wir hier schwärmen!

Timing
[*taiming*]
Fähigkeit, die Bassisten, Komikern, Schlagzeugern und Müttern fast immer abgeht.

Turnaround
[*töanaraund*]
Ständige Wiederholung der *Magic Chords* von Popkomponisten, denen nun wirklich gar nichts mehr einfällt.

>> Konversationshilfe:

Rockmusiker sind meistens Männer und deswegen maulfaul (solange es nicht um ihr Equipment geht). Es gibt Dialoge, die ausschließlich aus dem Codewort »Rock'n'Roll« bestehen. Die Jungs mit den schwarzen T-Shirts treffen sich, tauschen ein paar »Rock'n'Rolls« aus und jeder bekommt, was er wollte. Ein Wunder. Chinesische Sprachwissenschaftler wollen eine Ähnlichkeit zum Mandarin entdeckt haben, bei dem ja auch ein und dasselbe Wort durch unterschiedliche Betonung verschiedene Bedeutungen haben kann:

> Rock'n'Roll?
> *Hallo, wie geht's?*

Rock'n'Roll!
Tachchen, danke gut!

> Ist der Soundcheck eher beim Get-in oder kurz vorm Doors open?
> *Kann ich etwas später kommen?*

Na, dein Timing hat wohl wieder Delay, was?
Wir können ja schon froh sein, wenn du überhaupt erscheinst.

Ich will nur kurz meine Strat tunen.
Ja, ja, gleich.

Alter! Rock'n'Roll!
Jetzt aber wirklich! Mach hinne!

Rock'n'Roll ...
Entspann dich, Mann.

Rock'n'Roll?! Alter, wenn du nicht um Punkt 18 Uhr Backstage bist und wieder die ganze Band warten lässt, dann rocken wir einen Heavy Metal auf deinem teuren Amp, dass der ziemlich vintage aussieht, und du bist beim nächsten Gig nur noch Backliner und kannst als Nobody zusehen, wie wir in die Charts abgehen, und musst unser Equipment schleppen und der Drummer groovt unplugged auf deinem Rücken bis zu deinem ganz persönlichen Break-even.
Ich könnte jetzt ausflippen, aber bei dir ist eh Hopfen und Malz verloren; ich geh schon mal vor.

O.k., Rock'n'Roll.
Bis gleich.

Rock on!
Tschüss.

Power BULL
Power BULL

Champions dopen

SPORT-DENGLISCH

Wer eine Sportart ausübt, der braucht eine Hose, ein Hemd, Schuhe und das jeweilige Sportgerät, grob gesagt. Eigentlich reicht das. Auf diese Art ist allerdings der Markt schnell gesättigt, wie Marketingexperten das nennen. »Was tun?«, sprach Adidas. Ganz einfach: Man nennt den guten alten Dauerlauf *joggen* und schon kaufen sich alle Jogginghosen, -hemden, -uhren und natürlich -schuhe. Dazu noch ein oder zwei Bücher und Trainingsprogramme für den heimischen *Computer*.

Am besten gelungen ist diese kreative Art der Umbenennung bei jener komplett überflüssigen Sportart, die ein vergesslicher Skilangläufer nach 7 Kilometern ohne Skier erfand. Oder glauben Sie, dass man mit »nordischem Stocklaufen« viel Geld verdienen kann? Eben.

Eine besondere Freude ist für uns die Eitelkeit von Sportreportern, die sich spreizen, indem sie *Assist* statt Flanke und *Penalty* statt Elfmeter sagen. Die Jungs sind aber auch nicht zu beneiden. Müssen 90 Minuten lang den Grottenkick da unten auf dem Rasen kommentieren. Da gehen einem schon mal die deutschen Begriffe aus. Und wer weiß, vielleicht ist das ja auch besser, als all die falschen Bilder, die sie sonst benutzen: »Jetzt macht der SV Hodenhagen im wahrsten Sinne des Wortes den Sack zu.« Das wollen wir nun wirklich nicht hören!

>> Schlüsselbegriffe:

Doping [*jan ullrich*]: Englisch für: Radsport. Leistungserhöhung durch Zuführung von Substanzen. Insofern ist jeder Kaffeetrinker ein Doper. Gut, dass im Büro keine Goldmedaillen zu gewinnen sind. Andererseits: Ist das Rauchen von *Dope* auch Doping, wo doch die Leistungsfähigkeit dadurch stark vermindert wird? Fragen über Fragen.

Fairplay [*fäapläi*]: Gewinnen, ohne gegen die vorher vereinbarten Regeln zu verstoßen. Ein feiner Zug und ein schöner Trost für Verlierer: »Immerhin war ich *fair.*« Leider von den Engländern nicht auf den Bereich Fußball übertragen (*Wembley-Tor*).

Sport [*schpocht*]: Einer der wichtigsten Denglizismen! Wer möchte denn schon »Leibesübungen« sagen? Und da das Wort »Sport« ursprünglich »Vergnügen, Kurzweil« bedeutete, ist dies hier die Gelegenheit, ein für alle Mal mit unserem Sportsfreund »Turnvater« Jahn abzurechnen: Wir erheben die Faust für all die Generationen von unsportlichen nassen Säcken, die, von grausamen Lehrplänen gezwungen, verzweifelt keuchend am Barren hingen, auf dem Reck vor Höhenangst starben und sich beim Bockspringen die Eier blau hauten! Wir erheben uns aus der Knechtschaft! Vive la Revolution! Nieder mit dem Kletterseil! Nie wieder Rückwärtsrolle!

Team [*tiim*]: Diesen Denglizismus unterstützen wir vorbehaltlos und aus vollem Herzen! In Zeiten, in denen das Frauenteam des DFB Weltklasse spielt, wäre es einfach zu blöd, »Frauenmannschaft« zu sagen. Wichtig: Bei Teamspirit handelt es sich weder um Hui Buh, das Schlossgespenst, noch um einen leckeren Schnaps, sondern a) um den offiziellen Ball der WM 2006 oder b) um den letzten Strohhalm von gescheiterten Fußballtrainern, die kurz vor dem Abstieg noch einmal den Teamgeist beschwören. Rührend, aber vergeblich.

>> Grundwortschatz:

Aerobic [*ärobikk*]	Gymnastik zur Musik. Der Rhythmus ist sehr schnell, damit der Sportler/die Sportlerin immer im sauerstoffmäßig unterversorgten, also im anaeroben Bereich bleibt. Müsste also eigentlich »Anaerobic« heißen. Keuch.
beachen [*biitschn*]	Beachvolleyball spielen. Wahlkampfkracher von Guido Westerwelle.
Bodybuilder [*boddibilda*]	Muskelverwaltungskapitän.
bowlen [*bohlen*]	1. Nachname des Dieter. 2. Kegeln für Schweizer (die haben im Käse ja auch Löcher drin). 3. Alkohol mit Früchten tarnen. Am berühmtesten ist die Melonenbowle mit ganzen Früchten.
Bungee-Jumping [*banndschii-dschamping*]	Was tut der moderne Mensch, dessen Leben frei ist von Tigern, Hungersnöten und Kriegen? Er bindet sich ein Gummiband an die Füße und springt von einer Brücke. Und die Angst vor dem Auge des Tigers wird ersetzt durch die Angst um die eigenen Bandscheiben. Doch wenn die Leute sich ihren *Kick* auf diese Weise holen, anstatt dauernd in den Krieg zu ziehen, kann man das auch als evolutionären Fortschritt sehen. Übrigens ist Bungee-Jumping keine Erfindung der westlichen Unterhaltungsindustrie, sondern ursprünglich ein Initiationsritus von Südseeinsulanern. Die nehmen allerdings statt Gummi Lianen. Aua.
Champions League [*tschämpions liig*]	Europäische Fußballliga, leider oft ohne deutsche Beteiligung. Na gut, Bayern gehört auch zu Deutschland.

Cheerleader
[*tschiirliida*]
Das krasse Gegenteil von Emanzipation. Institutionalisiertes Anhimmeln von ach so tollen Sportler-Jungs durch leichtbekleidete, Pompons schwenkende Blondinen. So, als wären Mädchen nicht selbst in der Lage, Sport zu treiben! Warum um alles in der Welt machen die Tussis da freiwillig mit?! Aufhören!

Crack
[*kräkk*]
Früher: sportliches Ass, veraltete Bezeichnung für einen *Burner*. Auch: Mittel zur Leistungsverbesserung im Radsport.

Football
[*futtbol*]
Die wörtliche Übersetzung »Fußball« führt in die Irre, da diese unglaublich dämliche und langweilige amerikanische »Sportart«, fast nie mit dem Fuß ausgeführt wird.

Foul, foulen
[*faul*]
Nicht: Ehrgeizloses Nichtstun. Sondern: Geahndete versuchte Körperverletzung. → *Tackling*.

Halfpipe
[*haafpaip*]
Was gibt es Schöneres, als bergab zu fahren? Um dieses Erlebnis ständig zu haben, schnitten Flachland-Skateboarder ein großes Kanalrohr auf und üben sich nun in einem stetigen Auf und Ab an den beiden Rundwänden. Dabei werden sie so schnell, dass sie irgendwann durch die Luft fliegen und allerlei recht ansehnliche Kabinettstückchen vorführen.

Inliner
[*inlaina*]
Kurzform von »Inline-Skates«. Schlittschuhe für Eisallergiker.

joggen
[*dschoggen*]
Kniegelenkzerstörender Selbstbetrug. Fettabbauvergebliche Rennerei.

Nordic Walking
[*noadikk wooking*]
Skilanglauf für Vergessliche (s.o.), also ohne Skier und ohne Laufen. Bleibt nur noch der Wortteil »lang«. Langweilig?

Par
[paar]

Richtwert für die Schlagzahl zum Erreichen eines Golflochs. Wer die unterschreitet, hat einen Vogel (bzw. ein Vögelchen), Adler, Albatros. Weniger üblich ist die Rohrdommel. Wenn du aber mehr Schläge als Par brauchst, dann holt dich der böse Bogey-Mann! Take care.

Paragliding
[paraglaiding]

Wie Fallschirmspringen, nur vertikal.

Putt, putten
[putt]

1. Der Minigolfanteil am richtigen Golf.
2. Lockruf für Hühner.
3. Dicke nackte Engelchen an der Decke.

Referee
[refferi]

Sozial-integrativer Job für einen blinden Menschen, von dem wir sehr genau wissen, wo sein Auto steht.

Run
[ran]

1. PR-technisch *getunter* Lauf (früher: Alsterlauf, dann: Hanse-Marathon, heute: HSH Nordbank-Run).
2. Ansturm auf eine Modeware im Zuge eines *Booms*.
3. Schlimme Sportsendung.

Snowboard
[schnooboad]

Buntbemaltes Skateboard ohne Räder, mit dem Teenager mitten auf der Piste rumsitzen und *chillen*. Im Namen aller Skifahrer: aus dem Weg!!

Stretching
[strättsching]

Begriff aus dem Folterwesen. Mit dem Unterschied, dass die Streckbank weggelassen wird und der Delinquent sich freiwillig selbst herrlich knackend in die Länge ziehen muss.

Timeout
[taimaut]

Entscheidend ist, dass der Trainer – und nicht der Schiedsrichter – festlegt, wann sein Team diese Pause erhält. Dieses Selbstbestimmte hat zur Beliebtheit des Begriffes bei gestressten Managern und Lehrern beigetragen.

Trainer
[*träina*]
Leistungsverbessernder Übungsleiter (im besten Falle). Auf keinen Fall im Zusammenhang mit Lothar Matthäus zu verwenden.

Training
[*träining*]
Üben. Wieder ein schönes Beispiel für die seligmachende Wirkung von Denglisch: Kein Musiker übt gerne, kein Schüler liebt Hausaufgaben. Nenn es »Training« und der Spaß kommt zurück. Vielleicht sollte man die Geige und das Matheheft in die Sporttasche packen.

>> Aufbauwortschatz:

Assist
[*ässist*]
Torschussfördernde Ballzuführung. Früher: Vorlage, Bananenflanke, Pass.

Best of Five
[*best off faif*]
Aus dem amerikanischen Basketball stammende Alternative zum normalen Rhythmus Heimspiel – Auswärtsspiel. Die Mannschaften spielen einfach fünf Mal gegeneinander. Warum nicht »Best of Ten«? Oder gleich »Best of 365«, dann haben die Sportler das ganze Jahr was zu tun?

Carving
[*kaawing*]
Laaangweilig! Mit den taillierten Skiern kann doch jeder Depp um die Kurve fahren. Dafür hab ich mich nicht jahrelang im Skikurs gequält.

Center Court
[*ßenta koat*]
Der Tennisplatz direkt vor dem Clubhaus, also mit direkter Bier-Anbindung. Auf einem Rockfestival würde man von »Hauptbühne« sprechen. Hier dürfen natürlich nur die *Cracks* spielen. Die Autoren dieses Buches kennen ihn nur aus der Ferne. Sie spielen immer auf dem Platz links hinter der Tennishalle, wo im Herbst die glitschigen Blätter drauffallen.

Curling
[*köaling*]
Tiefgekühlte Form des Boccia bzw. Boule. Wintersport für Raumpfleger: Vor dem Curl glitscht eine Putze vorneweg, die die Bahn saubermacht. Hätten wir gern für unser Auto.

Dunking
[*danking*]
Ball in einen Basketballkorb legen. Da im Gegensatz zum Football allein die Geschicklichkeit entscheiden sollte, wurde das »Tor« sehr hoch aufgehängt und zu einem Korb verkleinert. Leider sind die Basketballspieler mittlerweile so groß, dass sie sich mit einem kleinen Sprung an den Korb hängen und den Ball reinlegen. Unsere Forderung daher: Hängt ihn höher!

easy going
[*iisi going*]
Leichtes Gehen. Wird in der Rehabilitation nach Knieverletzungen empfohlen.

fisten
[*fisten*]
Fausten. Ballannahme beim Volleyball. Oder was hast du gedacht, du kleines Ferkel?

Forechecking
[*foatschekking*]
Grabbeln.

Goalgetter
[*goolgetta*]
Englisch für Müller. Ursprünglich Gerd Müller. Danach viele Jahre in Deutschland nur noch in

der gescheiterten Form erhältlich (Hansi Müller, Ulf Kirsten, Carsten Jancker, Mario Gómez, Kevin Kurányi). Erlebte bei der WM 2010 in Gestalt von Thomas Müller seine Renaissance.

Golden Goal [*goulden gool*]
Die einzige Existenzberechtigung von Oliver Bierhoff.

Greenkeeper [*griinkiipa*]
Rasenmäherbedienungskapitän.

Hole-in-one [*hool-in-wan*]
Golf für Zeitsparer: Einfach vom Abschlagpunkt direkt ins 40 Kilometer entfernte Loch schlagen und danach den Nachmittag entspannt bei einer Tasse Kaffee im Clubhaus verbringen. Warum machen das so wenige? Auch »Ass« oder auf Englisch »Ace« genannt.

Jab [*dschäpp*]
Gerader Schlag mit der Führhand beim Boxen. Gemurmel in Boxer-Kneipen: »Der hat einen gefürchteten Jab.« Nicht: Durch betrügerische Wahl an die Macht gekommener Bruder von George W. Bush. Obwohl der so wirkt, als hätte er schon so manchen Jab abbekommen.

Keeper [*kiipa*]
Wesen zwischen Affe und Wahnsinnigem. Findet sein Auskommen oft als Fußballtorhüter. Prototyp: Olli Kahn. Entwicklungsgeschichtlich nah verwandt mit dem *Drummer*.

Kick-and-Rush [*kikk-änd-rasch*]
Beliebtes Gesellschaftsspiel: In einer Fußgängerzone einem Fremden in den Hintern treten und dann rasch in der Menge verschwinden. Versuchen Sie's mal. Macht sehr viel Spaß.

Matchwinner [*mättschwinna*]
Bedeutung unklar. Evtl. derjenige, der das Spiel gewonnen hat.

Penalty [*pennelti*]
Elfmeter für Angeber. Stammt aus der uramerikanischen Sportart Eishockey, bei der man auch hierzulande von Penalty-Schießen spricht. Soll bitte auch dort bleiben.

Powerplay [*pauapläi*]
Machtvolles Spiel. Im deutschen Fußball lange unbekannt.

Pressing [*pressing*]
Was nach Geburtswehen klingt, bedeutet im Grunde nur: Leute, gebt euch Mühe! Die ganze Fußballmannschaft versucht möglichst früh, dem Gegner den Ball abzuluchsen. Sollte eigentlich selbstverständlich sein.

Punch [*pannsch*]
Nicht: Warme Melonenbowle mit ganzen Früchten. Sondern: Besonders heftiger Schlag eines Boxers.

Punchingball [*pannschingbol*]
Prügelknabe.

Tackling [*teckling*]
Nicht geahndete versuchte Körperverletzung (→ *Foul*). Man unterscheidet das Block-Tackling (Sperren ohne Ball) und das Sliding-Tackling (Blutgrätsche). Vorsicht beim Besuch des Tecklenburger Landes!

Tiebreak [*taibräik*]
Elfmeterschießen beim Tennis.

Walkover [*wookouwa*]
Der Boxer tritt kampfbereit an und gewinnt automatisch, wenn sein Gegner nach dem Ausruf seines Namens nicht innerhalb von drei Minuten im Ring erscheint. Echt wahr.

Wembley-Tor [*unfair*]
Der war ja wohl eindeutig NICHT drin! Als »Wembley-Tor« wird im Fußball ein Lattentreffer bezeichnet, bei dem der Ball nach unten abprallt, dabei die Torlinie angeblich überschreitet und anschließend wieder ins Spielfeld springt. Herrlich ausgeglichen durch das nicht gegebene Tor für England gegen Deutschland bei der WM 2010. *Der* war nämlich drin.

Wildcard [*waildkaad*]
Sehr ungerechter Startplatz bei einem Turnier: Während alle anderen sich in einer mühseligen Qualifikation aufreiben, kann der Besitzer der Wildcard entspannt direkt ins Turnier einsteigen. Vielleicht erklärt eine heimliche Politiker-Wildcard die Existenz von Rainer Brüderle.

>> Konversationshilfe:

Du bist unsportlich wie ein Milchbrötchen, deine Blutwerte bereichern deinen Hausarzt, du bist so ungelenkig, dass du dir die Schuhe nicht alleine zubinden kannst, und dein Körper wirkt nicht gerade anziehend auf das andere Geschlecht? Dann haben wir endlich die Lösung: Geh in einen Sportverein und sprich Denglisch. Dann siehst du zwar nicht besser aus, bist aber nicht mehr so einsam:

> Puh, die letzte Trainingseinheit mit Joggen, Stretching und Aerobic war echt hart. Ich brauch ein Timeout.
> *Uuh, mir ist schwindelig. Ich seh Sterne. Wo ist der nächste Stuhl? Ich hätte vorher nicht so viel essen sollen.*

Tja, Buddy, in deiner Weightclass ist schon Beerholing eine Art Powerplay. Da brauchst du für die nächste Competition wohl eine Wildcard. Die Cheerleader gucken schon komisch.
Dicker, so nehmen wir dich nicht zum Turnier mit, du nasser Sack.

Immer bin ich der Punchingball für euch, ihr spielt Kick and Rush mit mir! Das ist unfair! Aber ihr werdet sehen: Mit einem Hole-in-one mach ich ein Dunking, das ist Champions League!
Ihr könnt mich mal. Prost!

Und hier erklärt der deutsche Sportkaiser sein persönliches Erfolgsgeheimnis:

I NEED HELP!

Guests checken ein

TRAVEL-DENGLISCH

Sind Sie mal die Ostseeküste von Kappeln nach Lübeck runtergefahren? Kennen Sie das Ostseebad Damp, den Weissenhäuser Strand, Dahme oder Grömitz? Oder haben Sie mal am romantischen Mittelrhein (Weltkulturerbe!) ein Hotel gesucht? Zum Beispiel in Bacharach? Und erst im Süden: Waren Sie in Alanya, El Arenal oder Gran Canaria? Oder in einer Neckermann-Anlage in Bulgarien? Nein, es ist nicht schlimm. Es ist ganz schlimm! Hotelkomplexe, die so hässlich sind, dass sie niemals hätten genehmigt werden dürfen, verlangen Geld, um sich dort aufzuhalten. Da hilft eigentlich nur Totalabriss. Oder sehr viel Denglisch. Und schon wird aus einem spanischen Betonsilo ein Premium Bio-Nature&Wellness-Resort.

Manchmal werden auch feindliche Umstände hinter einem Denglisch-Wall versteckt: unmenschliche Hitze gepaart mit Verkehrschaos (Kairo, Dubai, Athen). Oder der Preis: 542 Euro für ein 12qm-Doppelzimmer in Venedig – ohne Frühstück. Man sieht sie vor sich, die Tourismus-Manager auf ihren *Meetings*, wie sie kreischend auflachen bei dem Gedanken, jemand könnte diese Reise tatsächlich buchen. Aber bevor Sie jetzt Mitleid bekommen mit den geneppten Kunden, die um ihre Erholung gebracht werden: Haben nicht diejenigen noch mehr Mitleid verdient, die sich immer neues Denglisch ausdenken müssen, um diesen Schrott dem letzten gutgläubigen Katalogleser anzudrehen?

>> Schlüsselbegriffe:

all inclusive [*ool inkluusif*]: Alles-ist-mit-drin. Im Grunde eine gute Idee: Ich brauche kein Portemonnaie mitzubringen und im Urlaub niemals an Geld zu denken. Weil der Preis aber so märchenhaft hoch ist, grübelt man den ganzen Urlaub verzweifelt, wie man ihn wieder reinbekommt. Und sieht sich gezwungen, Tag und Nacht mit dem Verzehr von fettem Essen in der Hotelanlage zu verbringen. Dabei wird man sehr dick und sehr nachdenklich. Man denkt an Platon und Leibniz, man fragt sich: Warum ist einiges alles und anderes nichts? Was ist eigentlich »alles«? Antwort: Alkoholische Getränke, Strandliegen, Mietautos, Mietfahrräder, Tennisplätze, Tischtennisschläger, Billard oder Eiscreme sind nicht »alles«. Sie müssen jeweils extra bezahlt werden. »Alles« sind nur labberige, lauwarme Pommes und zähe, mit Haut überzogene Fleischsaucen an überlaufenen Buffets. Die gibt es umsonst. Für die 3000 Euro, die man vorher pauschal auf den Tisch geblättert hat. All inclusive heißt also: Man zahlt erst für alles, und dann für jede Leistung noch mal einzeln. Betriebswirte sprechen von Double Pay.

BahnCard [*baan kaad*]: Bahnfahren ist so teuer, dass man eine BahnCard braucht, um es sich überhaupt leisten zu können. Sie kostet für die 2. Klasse 230 Euro. Dafür bekommt man ein Jahr lang 50 % Rabatt. Um die BahnCard-Inhaber zu ärgern, gibt es aber noch die BahnCard 25. Den 25 %igen Rabatt erhält man schon für 57 Euro – und kann ihn mit Frühbucherrabatten kombinieren. Deshalb ist der Fahrschein mit der BahnCard 25 billiger als mit der BahnCard 50, wenn man rechtzeitig bucht. Na gut, sagen Sie, dann eben die Mobility BahnCard 100. Ein Jahr Bahnfahren für 3800 Euro. Dann haben Sie zwar kein Geld mehr für ein Hotel, aber dafür können Sie ja im Zug schlafen. Können Sie? Leider nein! Schlaf- und Liegewagen sind nicht mit drin. Sitzplatzreservierungen auch nicht. Autozüge nicht. ICE Sprinter nicht. Und andere Verkehrsverbünde nicht. → *all inclusive*.

Resort [*riisoo*]: Betonbunker mit *Swimmingpool* in Hautkrebs erzeugenden Klimazonen, der zellenweise zu Fantasiepreisen vermietet wird. Besondere Kennzeichen: kaputte Klimaanlage, verwitterte Minigolfbahnen, durchlöcherte Fliegengitter, aufgeheizte Minizimmer. Zielgruppe sind anspruchslose Reiseflüchtlinge aus sommerlosen Dauerregenländern wie Deutschland, England und Schweden. Der Euphemismus wird meist noch durch Zusätze aufgebläht: Luxury-Resort, Medical-Vital-Resort&Spa, Golf-und-Wellness-Thermen-Resort oder zuletzt: Canis-Resort (das Hundehotel in München).

Swimmingpool [*swimmingpuul*]: 1. Mystischer Versammlungsort mit magischer Anziehung, zeitgenössischer Nachfahre der altgermanischen Thingstätte. Die Bewohner des Hotels versammeln sich im Laufe des Morgens um den Pool, um dort auf Liegen den Tag zu verbringen. Sie kommunizieren nicht miteinander und gehen, sofern sie erwachsen sind, auch nicht in den Pool. Selbst wenn das Meer nur wenige Schritte entfernt ist, verbringen sie dort fast ihren gesamten Urlaub. 2. Unbeaufsichtigtes Chlorwasser-Planschbecken für Kinder. Zweithäufigste Todesursache bei Unter-Achtjährigen in entwickelten Ländern. 3. Zu süßer Cocktail aus Rum, Wodka, Blue Curaçao, Sahne und Kokosmilch, äh: Cream of Coconut.

Wellness [*wällniss*]: Sich wohlfühlen, ohne sich irgendwie anzustrengen. 87 % der Hotels in Mitteleuropa wurden in den letzten Jahren umbenannt in Wellness-Resort. Hintergrund: 97 % der Urlaubsentscheidungen werden inzwischen von Frauen gefällt. Frauen wollen unentwegt etwas für ihre Gesundheit tun, vor allem im Urlaub, mögen aber keinen Sport, vor allem nicht im Urlaub. Das Ergebnis sieht so aus: »1x Obstkorb auf dem Zimmer; 1x Aphroditebad mit Cocos oder Menthol; 1x Gesichtsbehandlung Fruchtcocktail; 1x Avocado Bodypackung; 1x Hot-Stone-Massage; 1x Papaya-Peeling. Im DZ Seeblick incl. Frühstücksbuffet 796 Euro pro Person.« Wir kennen das Hotel: ein hässliches 70er-Jahre Hochhaus in einer tristen Kleinstadt in Schleswig-Holstein mit Zimmern, die im Sommer so stickig sind wie die Innenstadt von Kuala Lumpur. Was die Gesundheit betrifft, so warnt der Katalog: »Sauna, Dampfbad, Massage&Co können eine erhebliche Belastung für den Organismus sein.«

>> Grundwortschatz:

Airport [*äapoat*]	Da man ausländischen Fluggästen nicht zutraut, deutsche Flughäfen als Flughäfen zu erkennen, heißen sie jetzt Airports. Hamburg Airport. Düsseldorf Airport. Konsequenterweise sollte man dann auch die Städtenamen eindenglischen: Hamcastle Airport. Dul-Village-Airport.
Businessclass [*bissnissklaas*]	Paradox aus der Flug-Gastronomie: Man bezahlt 1000 Euro mehr für ein Ticket, um ein alkoholisches Getränk umsonst zu bekommen.
Camping [*kämmping*]	Lebensart mit Herbergen aus Stoff und Tarnanzügen aus Fallschirmen. Grillzwang.
Check-in [*tschekk-in*]	Einen Zettel mit falschen Angaben ausfüllen, um endlich den Hotelzimmerschlüssel zu bekommen.
Cruises [*kruusis*]	Klingt irgendwie moderner und jünger als Kreuzfahrten. Der Altersdurchschnitt der Mitreisenden ist aber derselbe (MS = Mumienschlepper).
Do not disturb! [*du not disstöab*]	Verzweifelter, aber vergeblicher Versuch eines *Guests*, am Morgen im Hotel auszuschlafen.
Flair [*fläa*]	Reiseführerausdruck für: ohne jede Ausstrahlung.
Guest [*gässt*]	Bemitleidenswerter Trottel, der sich das überteuerte Zimmer hat aufschwatzen lassen.
Guide [*gaid*]	Führer. In Deutschland haben wir damit keine guten Erfahrungen gemacht. Bitte das englische Wort benutzen!
Intercityexpress [*intaßitti ekkspress*]	Kurz: ICE. Reisezug ohne Platz für Reisegepäck.

Last Minute
[*laast minnitt*]

Früher: Ein Rexiseveranstalter bietet seine unverkäuflichsten Ladenhüter kurz vor dem Verfallsdatum, also in letzter Minute, etwas günstiger an, um sie noch loszuwerden. Heute: Last-Minute-Reisen werden schon Wochen und Monate vorher auf den Markt gebracht, sind nicht günstig und umfassen zwei Drittel des Gesamtangebots. Bedeutung: Schnäppchenjäger, hierher!

Mobility Center
[*mobilitti ßenta*]

Vorhölle, in der die Deutsche Bahn ihre Fahrkarten verkauft. Auch: *Service Center*. Man steht unbeweglich in einer Schlange, die sich nicht voranbewegt, weil das Mädchen am einzigen besetzten Schalter eine Praktikantin ist, die den ersten Tag hier arbeitet und die Fahrkarten für eine Gruppenfahrradreise nach Rumänien buchen soll. Die Automaten sind kaputt, und das Einzige, was vorrückt, ist der Uhrzeiger, der deutlich macht, dass man auf jeden Fall seinen Zug verpassen wird. So fühlt sich *Wellness* an.

Safety Instructions
[*ßäifti instrakktschns*]

Perfide Art, die Fluggäste daran zu erinnern, dass es im Fall eines Absturzes nur die Sicherheit gibt, dass man sofort tot ist.

Stewardess
[*stjuadess*]

Luftkellnerin. Tolle Frau. Einerseits erfüllt sie dir jeden Wunsch. Andererseits ist sie herrlich dominant, hat den Laden im Griff und kann dir zur Not alles befehlen, was sie möchte.

Survival
[*ßörwaiwell*]

Überleben als Urlaub. Die Idee, den eigenhändigen Verzehr von Erdwürmern als teure Luxusferien zu verkaufen, hatte der Hamburger Konditor Rüdiger Nehberg. Das perfekte Angebot: ein wildes Abenteuer ohne die Nachteile eines wilden Abenteuers.

Topevent [*toppiwännt*]
Mit diesem fadenscheinigen Argument schwatzt das Reisebüro einem sauteure *Trips* auf. Sind Sie mal in einem dieser *Musicals* gewesen? Eben!

Touchscreen [*tattschskriin*]
Neue Form des Fahrkartenautomaten: Ein Bildschirm, der (manchmal) auf Berührungen reagiert und einem lauter Alternativen auf Fragen anbietet, die man nie gestellt hat. Methode, um Kunden vom Kauf eines Fahrscheins abzuhalten.

Trip [*tripp*]
1. LSD-Rausch. 2. Singular von *Tripper*. 3. Reise einer Person, die es zu altmodisch findet, »Reise« zu sagen. Meistens ein Modern Performer oder ein Business Punk. Er kehrt immer gerade von einem Kurztrip, einem Städtetrip oder einem Asientrip zurück.

tunen [*tjuunen*]
Aufwerten. »Das Old School Hotel wurde durch Indoor Entertainment Features getuned« bedeutet: Wegen neuer Fernseher kosten die Hotelzimmer jetzt doppelt so viel.

>> Aufbauwortschatz:

Adult Movies [*äddalt muuwiis*]
Hauptbeschäftigung von Geschäftsreisenden nach Feierabend im Hotelzimmer.

Bahn Comfort Counter [*-kaunta*]
Grausame Täuschung des Bahn-Comfort-Kunden: Man verspricht ihm einen eigenen Fahrkartenschalter ohne 23 Meter lange Warteschlange. In Wirklichkeit existiert dieser Schalter aber gar nicht, oder die Warteschlange ist genauso lang, weil die Mitfahrer auch schon Bahn-Comfort-Kunden sind.

Beach Club [*biitsch klapp*]
Zu groß geratene Sandkiste für rein körperlich Erwachsene, die sich mitten in der Großstadt wie im Bacardi-Werbespot fühlen möchten.

Beautyfarm [*bjutifaam*]
Schönheitsbauernhof. Kosmetikabteilung im Wellness Spa eines *Resorts*. Leider lässt sich Schönheit nicht züchten wie Milchkühe. Die Kundinnen lassen sich darüber mit fantasievollen Namen gerne hinwegtäuschen: ein Thalasso-Hot-Stone-Lomi-Lomi-Wattschlamm-Ayurveda-Wangenpeeling für 120 Euro – und sie sehen aus wie Scarlett Johansson!

DB Lounge [*-laundsch*]
Großer, niedriger Raum mit Kaffeeautomat. Früher: Wartesaal.

Erste-Klasse-Steward [*-stjuad*]
ICE-Durchsage: »In der ersten Klasse bedient Sie Ihr Erste-Klasse-Steward am Platz.« Gemeint ist der Schaffner. Was für eine Karriere!

Highway to Hell [*haiwäi tu häll*]
Die A1 zwischen Hamburg und Bremen.

Honeymoon Special [*hannimuun späschel*]
Hier wird Großzügigkeit neu definiert: »Hochzeitsreisende bekommen ein Zimmer-Upgrade (bei Verfügbarkeit) und erhalten bei Ankunft eine Flasche lokalen Wein und einen Obstkorb.« Wow!

In-Room Spa [*in-ruum spa*]
Eine exklusive Idee der Maritim-Hotels: im Hotelzimmer baden und sich danach eincremen! In den Duftlinien Relaxing, Uplifting und Hangover.

Kids Club [*kitz klapp*]
Kinderabschiebeprogramm im *Resort*.

Lost & Found
[*losst änd faund*]
Die Stelle am Flughafen, wo man darüber aufgeklärt wird, dass die Koffer versehentlich in Vietnam gelandet sind und man für die erste Hälfte seines Urlaubs alles nachkaufen muss. Dafür wird der Gepäcktransport jedes Jahr teurer.

Manhattan Slick
[*mänhättn ßlikk*]
So nennt man den Retro-Modern-Upper-Class-Look eines Hotels. Nicht verstanden? Dann noch mal im Zusammenhang: »Der Innenraum bricht die provenzalische Ästhetik mit einem Manhattan-Slick genannten Retro-Modern-Upper-Class-Look.« Jetzt alles klar? Ein Glück! So beschrieb die ›taz‹ das Hotel der deutschen Nationalmannschaft in Südafrika 2010. Wir wünschen uns, dass Lukas Podolski diesen Satz einmal vorliest. Und erklärt.

McClean
[*mäkk kliin*]
Bahnhofstoilette mit einem Euro Eintritt.

Must Haves for your Trip
[*masst häws foa joa tripp*]
Gebrauchswertfreie Artikel, die man von dem Geld kaufen soll, das einem nach dem Last-Minute-all-inclusive-Angebot noch geblieben ist.

Penthouse Suite
[*pennthaus swiit*]
70 qm, Dachterrasse mit Whirlpool, 1156 Euro pro Person und Woche. Trotzdem nur der 2. Platz in der Zimmerhierarchie!

Place-to-be
[*pläiß-tu-bii*]
Nicht hingehen! Dort treffen Sie ausschließlich auf Touristen, die denselben Reiseführer gelesen haben.

Service Store
[*ßöawiss stoa*]
Bahnhofskiosk. Kein Scherz!

Smoke'n'go
[*smoukngou*]
Gläserne Zelle zur Erniedrigung von nikotinsüchtigen Flugreisenden.

Snack Express
[*snäkk ekkspress*]

Kaffee- und Schokoriegelverkäufer im ICE, der sich mit seinem viel zu breiten Wagen durch den viel zu engen Gang quälen muss. Im Zweifel kommt man an dieser Snack-Blockade eine Viertelstunde nicht vorbei, weil jemand seinen Kaffee mit 2- und 5-Cent-Münzen bezahlt.

Superior Penthouse
[*supiria pennthaus*]

Das ist es! 96 qm Wohnfläche und 127 qm Terrasse mit eigenem Pool. 3333 Euro pro Person und Woche. Und bitte auf keinen Fall den Spitzensteuersatz anheben!

Superior Suite
[*supiria swiit*]

Ziemlich lausig: 45 qm, zwei Badezimmer, Marmor- und Holzboden, 1023 Euro pro Person und Woche. Nur für verarmte Trader, die sich *Penthouse Suite* und *Superior Penthouse* nicht mehr leisten können.

Touchpoint
[*tattschpeunt*]

Berühre den Punkt! Mysteriöse Gebetsstätte auf deutschen Bahnhöfen. Bedeutung unklar.

Trail
[*träil*]

»Wildnis-Trail«, »Trans Swiss Trail«, »Top Trails of Germany« – ahnen Sie, was das sein soll? Wanderwege! Demnächst wird aus dem Wandersmann der Outdoor-Premium-Trailer.

Tripper
[*trippa*]

1. Reisender. 2. Reisemitbringsel aus südostasiatischen Ländern.

Voucher
[*??*]

Liebe Reisebüros, warum müssen wir uns damit rumquälen, ob es wuschee, woutscher oder wautscher heißt? Unser Vorschlag: Gutschein!

Wellness-Snack
[*wällniss-snäkk*]

»Erfrischende Drinks und Wellness-Snacks im Wolke-7-Bistro runden das Vergnügen ab.« Genaue Bedeutung bitte erfragen im Hotel Engel Obertal im Schwarzwald.

>> Konversationshilfe:

Hotelangestellte sind oft dermaßen höflich und überfreundlich, dass man am Counter Mühe hat, seine Interessen zu artikulieren. Lassen Sie sich nicht einschüchtern. Es ist nicht peinlich, wenn Sie sich gerade mal das Billigste leisten können. Die meisten Hotels sind hoffnungslos schlecht ausgelastet und freuen sich über jeden Cent.

Haben Sie noch ein Zimmer frei?
Kann ich Ihr Online-Special-Offer auch offline booken?

Natürlich. Luxus-Suite oder Absteige?
You're welcome! Superior Penthouse oder Comfort Room?

Lieber etwas Günstiges.
In der Pre-upgrade-Area.

Möchten Sie einen Sportkurs dazubuchen?
Mit Advanced-open-Water-Diving, Dance-Aerobic-Body-Workout oder On-the-Court-Tenniscoaching?

Ich bin leider total unsportlich.
Lieber etwas in der Wellness-Spa-Lounge.

Sie können sich gegen Aufpreis bei uns auch baden, massieren und einölen lassen.
Offer-to-choose wären dann die Beauty&Wellness-Basics mit Cranberry-Peeling, Hamam-Skin-Treatment, Premium-Body-Forming, Hot-Stone-Massage, Sesam-Body-Balance-Packung und Soft-Bubble-Bath.

Ich fürchte, das kann ich mir nicht leisten.
Wow! Aber ich mache gerade ein Money-Slimming-Programme.

Dann kann ich Ihnen die kostenlosen Seniorenaktivitäten anbieten.
Never mind! Nehmen Sie als Best-Option das Anti-Aging-Schnupperarrangement mit Ü-50-Pilates, Stretch&Relax, Nordic Walking, Sealife-Center-Visiting und Bingo-Event!

Sehr gut. Das mache ich.
Fine!

Gut. Füllen Sie bitte dieses Formular aus.
Congratulations! Checken Sie gleich hier am Support-Desk ein. Ihre Daten werden gescannt, gelooped und getraded. Unsere Resort-Group und unsere Partner-Companies werden Ihren Mail-Account noch ten Years after mit Travel-Spam supporten.

Sweet!
MAXXI

Caterer brunchen

FOOD-DENGLISCH

Haben Sie schon mal morgens eine Stulle geschmiert? Für die Kinder oder für die eigene Mittagspause? So eine richtig amtliche Brotzeit mit dick Butter und Fleischsalat? Und im Grunde Ihres Herzens waren Sie betrübt, weil Sie schon wussten, dass niemand das Kunstwerk so richtig würdigen wird? Dabei mussten wir uns einst doch selbst zwingen, die unverdaulichen Brocken von Muddern in uns hineinzuschlingen! Und was muten wir jetzt uns und unseren Kindern als Pausenbrote zu?

Damit ist es nun vorbei: Eat Denglisch ist angesagt. Das Essen kommt raus aus der verstaubten Ecke reiner Nahrungsaufnahme. Jetzt heißt es: Stibitzen wir etwas aus dem Küchenschrank, ist es ein *Snack*, lernen wir richtig zu kauen, wie es unser Zahnarzt immer befohlen hat, ist es *Slow-Food*, die Kantine ist ein *Deli*, die Thermoskanne wird zum Coffee *to go*, der Schluck zum *Drink* und die Reste von gestern bestreiten die *Happy Hour*.

Kurz: Die Brotdose wird zur Lunchbox und Sie, der tapfere Stullenschmierer, werden zum *Sandwich-Artist*. Und das ist bitterer Ernst: Schauen Sie mal beim Sandwichwickler Subway vorbei. Die suchen so was.

>> Schlüsselbegriffe:

All you can eat [*ool ju känn iit*]: Direkter Verwandter des Flatrate-Saufens: einmal zahlen und dann so viel essen, wie man tragen kann. Um den Anbieter nicht in den Ruin zu treiben, ist das Essen allerdings so fettig, dass man nach zwei Tellern bereits satt ist. Schade. Andererseits wird die Speisefolge Spareribs/Pizza/ Spareribs/Pizza schnell langweilig. Ein Glück.

Burger [*böaga*]: Brötchenersatzstoff. Neben *Sandwich* das zweite große Fremdwort für »Stulle«. Grob gesagt: Briten bevorzugen »Sandwiches«, Amerikaner den »Burger«. Aber Vorsicht: Nur, weil beim Burger der Hauptbestandteil Fett, das Brötchen so süß wie ein Berliner und so weich wie Grießbrei ist, wollen wir mal lieber nicht behaupten, dass alle Amerikaner dick und zahnlos seien. Das sind doch alles Vorurteile! Diskriminierung verstößt gegen die Burger-Rechte.

Fast-Food [*faast-fuud*]: Wie doch Wirklichkeit und Traum manchmal auseinanderliegen: »fast« bedeutet wörtlich »schnell« und gleicht einem süßen Versprechen nach rascher Labsal in heißlebiger Zeit. Wer allerdings schon unzählige Minuten in der Schlange von McDonald's, Burger King und Freunden verbracht hat und dann noch auf den Burger warten musste, weil er gerade »aus« war, dem kommen leichte Zweifel. Vielleicht ist ja das Wort »fast« doch deutsch: fast ein Essen. Aber nur fast. Fast zinierend.

Happy Hour [*häppi aua*]: Euphemistisch für Übervorrat. Im Grunde sehr ökologisch: Anstatt das übriggebliebene Essen oder Trinken zu entsorgen, wird es für einen halben Euro billiger an die Kunden verramscht. Früher musste man fürs Reste-Essen zwar gar nichts bezahlen, aber für die Geiz-ist-geil-Generation ist diese Stunde dennoch ein »gefundenes Fressen«.

to go [*tu gou*]: 1. Staat in Afrika. 2. »Die Spülmaschine ist kaputt. Deshalb gibt es heute nur Pappbecher.« (Handgeschriebener Zettel bei Starbucks) 3. Da der moderne Mensch sich gerne damit schmückt, keine Zeit zu haben, wird mittlerweile fast jedes Nahrungsmittel »to go« angeboten. Habe ich auf der Straße einen *stylishen* Pappbecher oder eine Salatschüssel aus durchsichtiger Plaste in der Hand, signalisiere ich: »Hallo, ich bin ein total beschäftigter und ergo erfolgreicher Mensch. Ich muss sogar im Gehen essen und trinken, so *busy* bin ich.« Nur: Wenn alle so viel gehen würden, wie es die vielen To-go-Pappbecher im Müll suggerieren, dann müssten die Leute schlanker sein.

>> Grundwortschatz:

Bagel
[*bäigl*]
1. Englischer Jagdhund.
2. Belegter Bruder des Donut. Das Loch in der Mitte dient dem Druckausgleich für den darunterliegenden Frischkäse/Brunnenkresse/sonnengetrocknete Tomaten-Mix, der einem beim Reinbeißen gnadenlos entgegenquillt.

Baked Potato
[*bäikd potäitou*]
Außen verkohlt, innen mehlig. Kann schwach nach Kartoffel schmecken. Ist nur mit *Sour Cream* zu ertragen.

Brunch
[*bransch*]
Amok-Frühstück ohne Grenzen und Halt, sowohl in Zeit, Raum als auch Menge. Also ein vierdimensionales Frühstück. Heißen Brunch-Cafés deswegen so oft ›Einstein‹? E=mc² (*E*ssen ist gleich: *M*ahlzeit mal *C*alorien zum Quadrat).

Chicken Nuggets
[*tschikkn naggetts*]
Goldgräberstimmung im Imbiss. Heute kann man die erbeuteten Goldklumpen sogar essen. Leider sind diese aus den Resten der Fleischverwertung zusammengelöteten Hähnchensimulanten derartig perfekt auf den Kindergaumen abgestimmt, dass viele Kinder zeitweise gar nichts anderes mehr essen mögen. O.k., war ’n Witz. In Wirklichkeit lieben sie auch noch Pommes.

Chips
[*tschipps*]
1. Völlig vertrocknete, hauchdünne Kartoffelabfälle mit sehr, sehr hohem Nitrofenanteil.
2. Immer kleiner werdende Datenträger für Rechner, Parkkarten und Spülmaschinen.

Cocktail
[*kokktäil*]
Hahnenschwanz. Süßes Alkoholmixgetränk mit hässlicher Frucht obendrauf. Oder: Brandsatz aus Altflaschen.

Coffee-Shop
[*koffi-schopp*]
Deutsch: Ausschankstelle für völlig überteuerten Coffee *to go*. Holländisch: Drogenberatung. Also im Sinne von Verkaufsberatung.

Donut
[*doonatt*]
Berliner mit zu wenig Teig und ohne Marmelade in der Mitte.

Drink
[*drink*]
... Brüderlein drink, lass doch die Sorgen zu Haus.

Drive-in
[*draif-in*]
Außenbewirtung von *Fast-Food*-Restaurants, bei der man im Fahrzeug sitzenbleiben kann. Dauert länger als Reingehen.

Fatburner
[*fättböana*]
Essen, um Fett zu verbrennen. Logisch. Dann werd ich jetzt mal ein schönes Glas Schnaps gegen den Kater trinken.

Finger-Food
[*finga-fuud*]
Tim-Mälzer-Rezept: Finger abhacken, kurz in Eigenblut anbraten, leicht salzen und pfeffern, etwas Angstschweiß drübertröpfeln – fertig! Wird gerne bei New Economy Events gereicht.

Hot Chocolate
[*hott tschokklett*]
1. Unterschätztes Getränk (vergesst euren Scheiß-Kaffee!!)
2. Gruppe mit vier *Best-of*-Alben, die alle nur »You sexy Thing!« enthalten.

Hot Dog
[hott dogg]
Einziger Grund für Männer zu Ikea zu gehen.

McDonald's
[mäkk donnels]
Aufbewahrungsort für verwahrloste Kinder. Der einzige *Mac*, der nicht von Apple ist, ist der Big-Mac.

mixen
[mikksn]
Was früher nur eine Spezialität für zahnlose Seniorenheimbewohner war, ist heute aus der modernen Küche nicht mehr wegzudenken. Motto: Alles lässt sich trinken!

Muffin
[maffin]
Kleiner, extrem leckerer Kuchen. Sehr probates Mittel, um die amerikanische Durchschnittsfigur zu erreichen.

Popcorn
[poppkorn]
Lichtspielbegleitgemüse. Weil das Kauen dieser geplatzten Maiskörner unglaublich laut ist, müssen sogenannte Popcorn-Filme noch lauter abgespielt werden.

Roastbeef
[roostbiif]
Der alte Otto-Witz: »Ich mochte deine Braten, vor allem das Stück zwischen dem rohen und dem verbrannten Teil.« Genau da liegt Roastbeef.

Sandwich
[ßändwitsch]
Wörtlich: Sandhexe. Von einem *Sandwich-Artist* wahnsinnig kompliziert belegte Butterstulle. Das bekannteste ist das »Wish-Sandwich« der Blues Brothers: »A wish-sandwich is a sandwich, where you have two slices of bread and you wish, you had some meat, bow, bow, bow.« (Aus dem Lied »Rubber-Biscuit«)

Snack
[schnäck]
1. Ungenießbarer Schokoriegel, der schon seit 1988 im Regal liegt.
2. Plattdeutsch für: kleines Gespräch.

Softdrink [*ßofftdrink*]
Dieses Wort soll suggerieren, dass Limonade etwas für Softies und Weicheier ist. Wie gemein. Manchmal zeigt es gerade Stärke, wenn man als Einziger inmitten von Trinkern eine Cola schlürft. Versuchen Sie das mal auf dem Oktoberfest!

Softeis [*ßofftais*]
Salmonellenhaltige Süßigkeit in genau drei Geschmacksrichtungen: Vanille, Schoko, Erdbeer.

Sour Cream [*ßaua kriim*]
Ein viel zu kleiner Klecks leicht gesalzenen Quarks. Wir kämpfen hier und jetzt zum letzten Male für die richtige Aussprache: Es heißt nicht »Suur Creme«. Bitte! »Sour« wird wie »hour« ausgesprochen, ganz ehrlich! Und wo wir gerade dabei sind: Es heißt auch nicht »Lui de Fünee« und »Kabaree«. Tut uns den Gefallen.

Spareribs [*späaripps*]
Sparkoteletts. Vor allem in Schwaben beliebt.

Steak [*steg*]
»When will I become a steak?« – »Never, I hope, Sir.«

Toast [*toost*]
1. Trinkspruch. Früher üblich: »Meine Herren, auf den König!« Im demokratischen Deutschland hat sich zum Glück ein »Auf die Kanzlerin!« noch nicht durchgesetzt.
2. Quadratisches Wabbelbrot.

Wrap [*räpp*]
Was nach afroamerikanischem Sprechgesang klingt, ist in Wirklichkeit ein Döner für Linksintellektuelle. Salat im Wickelrock.

>> Aufbauwortschatz:

Businesslunch [*bissnisslansch*]
Vier Sushi-Rollen mit etwas Sojasauce und Meerrettichpaste.

Caesar's Salad [*salatum caesaris*]
Auf Julius Cäsar zurückgehende Art, grüne Blätter mit Käse, Sahne, Olivenöl und viel Knoblauch zu verzieren. Dazu noch ein paar gewürfelte Brotbrocken und dann heißt es: »Auch du, mein Sohn Brutus?«

Caterer [*käitara*]
Hersteller von Essen auf Rädern.

Chutney [*tschattnii*]
»Gesundheit!« Ach so, das war gar kein Niesen. Stimmt, es ist eine herzhafte Marmelade. Eigentlich widersprüchlich, aber extrem lecker.

Convenience [*konnwiinjens*]
Kommt von bequem. Also: Zwiebelschälen ist doof. Vorgeschälte Zwiebeln aus der Tüte sind bequem. Vorgeschälte Kartoffeln auch. Die schmecken zwar extrem mehlig, mehr so wie Pulverkartoffelbrei, aber: Who cares? Zu faul zum Melken: Wir haben Analog-Käse. Und Analog-Käse in einer digitalisierten Welt: Das ist fast schon wieder romantisch.

Corned Beef [*kornett biif*]
Vintage-Denglizimus für Katzenfutter. Grundzutat des hamburgischen Labskaus.

Cranberry [*krännberri*]
Sehr große Preiselbeere (kommen beide aus der Familie der Vaccinium). Wenn *hippe* People heute etwas dinnern, dann ist es entweder mit Rucola oder mit Ziegenkäse oder mit Cranberry. Am besten mit allen dreien.

crispy [*krispi*]
Labberig, durchgeweicht.

Deli [*deeli*]
Coolsprech für *Fast-Food*-Restaurant. »Deli« kommt von »Delikatesse«, auch wenn einem das bei Fast-Food nicht unbedingt als Allererstes einfallen würde. Gewollt ist, dass bei »Deli«

auch »daily« mitschwingt. Unser tägliches Fast-Food gib uns heute. Die Amis sind halt sehr religiös.

Downner [*dauna*] Abendbrot eines Apothekers.

Flavour [*fläiwor*] Euphemismus für »Geschmack«. Die große Versöhnung von Küche und Homöopathie: Ein Flavour ist ein Zuckersirup, an dem einmal eine Vanilleschote vorbeigelaufen ist. Man kann sie zwar nicht nachweisen, aber der Kaffee erhält vom Flavour die »Information« von Vanille. Und vor allen Dingen wird er schweinesüß. Das Gleiche gilt natürlich auch für Schoko-, Haselnuss-, Pistazien-, Macadamia- und Pappkartongeschmack. It's your choice.

hot [*hott*] Heiß? Falsch! Scharf. Da hilft auch kein Pusten. Und wenn euch Weicheiern das schon zu scharf ist, dann Finger weg von »extra hot«. Selbst, wenn es kalt ist.

Icetea [*aistii*] Kaltes Heißgetränk, das ausschließlich in den Hochgeschwindigkeitszügen der Deutschen Bahn ausgeschenkt wird. Es gibt auch IC-, RE-, U- und S-Bahn-Tea. Seltsam.

Junk-Food [*dschank-fuud*] So ist das in Deutschland: Was Spaß macht, ist verdächtig! Erdnussflips, Salzstangen, Tortilla-Chips und andere Köstlichkeiten werden als Schrott-Essen diffamiert, obwohl ohne sie ein schöner DVD-Abend praktisch nicht denkbar ist. Dabei haben Studien ergeben, dass Leute, die sich gesund ernähren, keine Minute länger leben als solche, die sich nur von Tortilla-Chips und Cola ernähren. Gezeichnet, Dr. Nutella.

Low-Carb-Produkte [*lou-kaab-*]
Kohlenhydratarm. Passend zur Low-Carb-Diät. Irgendwie kann man damit gleichzeitig abnehmen und Muskeln aufbauen. Klingt attraktiv. Gibt's im »Body Attack Sports Nutrition Premium Store«! (Bitte, wo?) Kleiner Tipp: Einfach weniger Nudeln und Pizza essen. Läuft auf dasselbe hinaus.

Low-Fat [*lou-fätt*]
Und noch 'ne Diät. Diesmal lassen wir möglichst das Fett weg (dann kriegt jeder sein Fett weg. Har, har). Klappt nie, weil fettarme Nahrung hungrig macht und man dann umso mehr isst.

Non-Food [*non-fuud*]
Abteilung im Supermarkt, die Dinge feilbietet, die man beim besten Willen nicht essen kann.

Running Dinner [*ranning dinna*]
Wir haben uns immer gefragt, warum Studentinnen so schlank sind. Hier ist der Grund: An den Unis breitet sich das Running Dinner aus. Dabei wechseln die Gruppen nach jedem Gang die Wohnung. Bei einem Fünf-Gänge-Menü kommen so locker drei bis vier Kilometer zusammen. Respekt.

Sandwich-Artist [*ßändwitsch-aatist*]
Stullenschmierer (s.o.).

Sex on the Beach [*ßäkks on se biitsch*]
Klingt sehr vielversprechend, ist aber nur ein Cocktail aus Fruchtsaft und Pfirsichlikör.

Shot [*schott*]
»Schuss«. Hat aber nix mit Pistolen zu tun. Sondern mit Flüssigkeiten. Oft in Verbindung mit »Extra-«. Also ein Schuss Milch. Ein Extrashot Espresso (Vorsicht! Nicht kostenlos!).

Slow-Food [*schloo-fuud*]
Nicht: »Langsamer Fuß« als Gegenstück zu Eric Claptons »Slow Hand«. Sondern: Gelegenheit für eitle Alt-68er, ihre stinknormale Küche zum

Event hochzujazzen. Ganz ehrlich, ihr Angeber: Jede Ernährung ohne *Fast-Food* und *Convenience*-Produkte ist *Slow-Food*.

Smoothie
[*schmusi*]
Trinkobst. Ziemlich gechillt! Besonders in Kombination mit Mango oder *Cranberry*.

Starbucks
[*staabakks*]
Breit angelegter Intelligenztest: Welcher Vollhonk kauft schwach kaffeehaltige Getränke zum Preis von Diamantohrringen? Die Antwort führt direkt zum *Blues*.

Tablesurfing
[*täiblßöafing*]
Kulinarische Schwester des Couchsurfings: statt Gästebetten werden Tischgesellschaften vermittelt. Kenner sprechen von der Mitfresszentrale.

tall
[*toll*]
Eigentlich: lang, groß. Neuerdings aber kleinstmögliche Einheit eines überteuerten Milchschaumgetränks bei *Starbucks*.

Tray
[*träi*]
Papphaltedings zum Kaffeetragen.

Upper
[*appa*]
Frühstück eines Apothekers.

Wedges
[*wedsches*]
Kartoffelecken. Soll leckerer klingen. Na dann.

>> Konversationshilfe:

Beim Essen wird Denglisch ganz besonders verwirrend eingesetzt. Wenn Sie einen scharfen, kleinen und kalten Eistee möchten, bekommen Sie einen tall, extra hot Icetea. Warum ist das so? Anscheinend ist Food-Denglisch eine ganz eigene Sprache. Wundern Sie sich also nicht, wenn die Übersetzungen hier sehr frei sind, es geht nicht anders.

> Im Büro:
> Hast du schon die neuen Wedges im Deli probiert? Die sollen dort ohne Convenience-Produkte auskommen!
> *Huch, die Kartoffeln in der Kantine schmecken heute nach Kartoffel!*

Im Café:
Wollen Sie Ihren Coffee to go short, low-fat, mit Extrashot und Flavour im Tray?
Draußen nur Kännchen.

> Im Supermarkt:
> Sorry, aber die tiefgefrorene American Pizza gibt es nur in der Non-Food-Abteilung.
> *Na? Kocht Papa heute wieder?*

Am Telefon:
Hi, kommt ihr heute zum Brunch vorbei? Wir haben Finger-Food und echtes Slow-Food.
Wir haben keinen Bock, wieder bis in die Puppen zu feiern, also kommt gefälligst tagsüber.

HELLO!

Showmaster talken

ENTERTAINMENT-DENGLISCH

Man könnte auch Show-Denglisch oder Media-Denglisch sagen, denn die Showbranche ist eine der Brutstätten für Denglizismen. Irgendetwas zwingt die Medien-Menschen dazu, ihre eigene Bedeutung durch die Verwendung englischer Begriffe aufzuladen. Irgendetwas möglicherweise sehr Kleines.

Man unterscheidet zwei Arten von Entertainment-Denglisch:
Entertainment-inside: Was dem Christen sein Paradies und dem Buddhisten sein Nirwana, ist dem modernen Menschen ein Job »in den Medien«. Das Leben erscheint manchem so grau und eintönig. Ein Leben als Buchhalter? An der Supermarktkasse? Als Manager in einem Energieunternehmen? Viele junge Menschen können sich heute so einen Lebensweg nicht mehr vorstellen. Hilfe bietet ein Blick in den Fernseher. Hier ist alles so schön bunt und laut, gibt es jeden Tag *Action, Show* und Thrill, die Menschen sehen gut aus und der Status ist hoch. Mittlerweile ist eine ganze Generation von Irgendwas-mit-Medien-Mädchen (und -Jungen) herangewachsen und lässt sich selig lächelnd von den alten Hasen der Branche ausbeuten, denn das Angebot an erlebnishungrigen Bewerbern übersteigt bei Weitem die Nachfrage. Um dieses andauernde Kaffeekochen und Kabeltragen zu kaschieren, wird in der Medienbranche derart intensiv Denglisch gesprochen, dass auch die zwei von zehntausend, die es nach oben und damit auf die andere Seite des Kaffeebringens schaffen, den Slang später nicht mehr ablegen können. Warum auch? Sie würden sich dann ja nicht mehr verständlich machen können.

Entertainment-Content: Ein zweiter sprudelnder Quell schönster Denglizismen ist das deutsche Fernsehen. Wo man hinschaut, stößt man auf amerikanische Serien und Showformate. Hierfür gibt es zwei Gruppen von Schuldigen: Die Fernsehschaffenden, weil sie auf dreißig schlimme deutsche Fernsehsendungen höchstens eine gute produzieren, und die Zuschauer, weil sie sich bei jedem deutschen Flop sofort reflexartig den amerikanischen Massenproduktionen zuwenden. Und bei denen sind englische Begriffe natürlich *all inclusive*, was schön ist für die Synchronstudios, weil sie immer weniger Wörter übersetzen müssen.

>> Schlüsselbegriffe:

Casting [*kaasting*]: Vorstellungsgespräch. Früher: Unterausgebildeter und überbezahlter Personalchef hört sich verwirrtes Selbstdarstellungs-Gestammel eines hoffnungslos überforderten Bewerbers an und erniedrigt ihn. Heute: Unterausgebildete und überbewertete Schiedsrichter (*Jury*) hören sich das Gequake eines überforderten Gesangs-Darstellers an und erniedrigen ihn. (Vgl. auch: Besetzungs-Sofa und Artikel 1 des Grundgesetzes: Die Würde des Menschen ist unantastbar.)

Cliffhanger [*kliffhänga*]: 1. Grauenhafter Film mit Sylvester Stallone. 2. Extrem gemeiner Trick von Serien-Produzenten: Am Ende einer Folge wird ein großes dramaturgisches Fass aufgemacht und dann der Abspann gezeigt. Zum Beispiel so: Sterbend haucht Johnny Jack ins Ohr: »Jack ... ich weiß, wo die Millionen sind ... und der Mörder von Dad hieß ...« *Cut*! Abspann! Schlussmusik! Fröhliche Stimme aus dem *Off*: »Wer war der Mörder? Muss Johnny wirklich sterben? Wo sind die Millionen? Schalten Sie nächste Woche wieder ein zu einer neuen Folge von ›Tränen der Leidenschaft‹!«

Comedy [*kommedii*]: Öffentliches Vorführen von geklauten Spar- und Nullwitzen mit Bart(h) durch einen hauptberuflichen, untalentierten Witze-Erzähler (Comedian). Dieser ist auf lachwilliges Publikum angewiesen, was nur durch Zwangsmaßnahmen wie ein *Warm-up* erreicht werden kann. Funktioniert auch dieses alte Voodoo-Ritual nicht, wird das Gelächter später hineingeschnitten. Mit der Bezeichnung »Comedy« soll auf Humor ein *Label*, ein *Branding*, eine *Corporate Identity* draufgepappt werden, im besten Falle ist Comedy aber von selber lustig. Auch ohne Schublade. Nicht: schwäbisch für Unsicherheit: »Comedy nun oder komme die net?«

Prequel [*priiquell*]: Episode einer Serie, die VOR der allerersten Pilotfolge spielt, aber erst Jahre nach dem Ende der Serie produziert wird. Wahrscheinlich eine Erfindung von George Lucas, dem Harrison Ford für eine weitere Folge ›Star Wars‹ einfach zu alt geworden war und der mit diesem Kunstgriff vermeiden wollte, dass Harrison (wie leider in einem späteren ›Indiana Jones‹-Film) als Rosine mit Hut auftritt. So etwas sieht keiner gern. Dann lieber ›Indiana Jones Begins‹ oder ›Jäger des verlorenen Schatzes‹, Episode 1, in dem mit einem jungen, neuen Schauspieler Indies Kindheit ausgeleuchtet wird.

RomCom [*rommkomm*]: Romantic Comedy. Wiederkehrender Fernsehfilm, in dem ein Arzt (Heino Ferch) seine Frau (Maria Furtwängler) verlassen will, weil er sich in eine Krankenschwester (Veronika Ferres) verliebt hat. Manchmal ist es auch ein *Event-Manager* (Uwe Ochsenknecht), ein *Biker* (Richie Müller) oder ein *Consultant* (Kai Wiesinger). Die Handlung ändert sich dadurch nicht.

Warm-up [*worm-app*]: Damit das Publikum während der Sendung tatsächlich völlig überdreht reagiert, wird es mit einem Warm-up auf Betriebstemperatur gebracht: Ein hoffnungsvoller Anfänger quält diese armen Menschen mit schlimmen Witzen, sodass diese lernen, auf Befehl über alles zu lachen. Dazu halten Regieassistentinnen »Lachen«-Pappschilder hoch oder klatschen an. Das Publikum reagiert sofort, weil dieses Geräusch den unerträglichen Redefluss des Warm-Uppers wenigstens kurz unterbricht. Wichtig: Sollte der leitende Redakteur die Rolle des Warm-Uppers übernehmen, verkehrt sich die Wirkung automatisch ins Gegenteil und die nachfolgende Sendung muss gänzlich ohne Zuschauerreaktionen auskommen. Schade. So entstand der Cool-down.

>> Grundwortschatz:

Action [*äkktschn*]	Explosionsgerichtetes, schnellgeschnittenes Filmschaffen mit Arnold Schwarzenegger, Sylvester Stallone, Jackie Chan oder Matt Damon. Vorsicht: Wenn der Scientologe Tom Cruise mitspielt, ist es ein Fake. Der tut nichts, der will nur cruisen.
Daily Soap [*Däili soup*]	Tägliche Benutzung von Seife. Im Mittelalter unbekannt. Sollte heute selbstverständlich sein.
Entertainment [*entatäinment*]	Unterhaltung vorspiegelndes, lautes Nichtstun. Am ehesten mit dem Buddhismus vergleichbar: Durch eine meditative Beschäftigung mit inhaltsfreien Dingen wird absolute, aber gut gelaunte Leere erreicht – das Nirwana bzw. das »große Finale«.
Everybody's Darling [*äwriboddis daaling*]	TV-Plage: Da alle Fernsehmoderatoren jedermanns Liebling sein wollen, ähneln sie einander erstens wie ein Ei dem anderen, sind zweitens unerträglich schleimig und produzieren drittens sturzlangweilige Sendungen. Michel Friedman – wo bist du? Wir brauchen dich!
Executive Producer [*eksekjutiff prodjußa*]	Leitender Angestellter beim Film. So etwas wie der Polier beim Bau oder der Spieß bei der Bundeswehr. Frag mal die Kabelträger.
Free-TV [*frii-tiiwii*]	Günther Jauch.
Happy End [*häppi ännd*]	Überraschendes Ende. In der Regel: Heino Ferch entschließt sich, zu Maria Furtwängler zurückzukehren (→ *RomCom*).

HD
[*haa dee*]
High Definition. Dank der hochauflösenden Grafik kann man Pickel auf Schauspielergesichtern erkennen. Will man das?!

Infotainment
[*infotäinment*]
Ignorieren des Inhalts bei gleichzeitiger Höchstausnutzung der Ton- und Bildeffekte.

Interview
[*intawju*]
Moderne Verhörmethode.

Killer
[*killa*]
Totmacher. Hieß es früher in Krimis: »Der Mörder ist immer der Gärtner«, so muss es heute »Der Killer ist immer der Plant-Designer« heißen. Kleine Hilfe: Der Killer ist derjenige, nach dem der Kommissar sucht.

Lovestory
[*lawschtorri*]
Plot eines ZDF-Spielfilms: Heino Ferch verliebt sich in Veronika Ferres (→ *RomCom*).

Off
[*off*]
Wir können Sie beruhigen, Sie leiden nicht an Schizophrenie: Immer wenn Sie Stimmen hören, aber niemanden sehen, dann kommen die aus dem Off.

Outtake
[*auttäik*]
Früher: Der eigentlich witzige Teil eines Lichtspiels. Heute: Totgenudelte Masche (→ *overdone*).

Pay-TV
[*päi-tiiwii*]
Überteuerter Vorläufer von *Youporn*.

Plot
[*plott*]
Handlungsersatz für Fernsehspielfilme.

Preview
[*priiwju*]
Mit viel Organisationsstress einen Film vor der Veröffentlichung angucken, den man zwei Wochen später ganz entspannt im Kino um die Ecke sehen könnte.

Running Gag [*ranning gäkk*]
Weglaufende Pointe. Wird immer fader und deprimierender, je öfter ein *Comedian* sie wiederholt.

Science-Fiction [*ßaiens fikktschön*]
Märchen mit Geräusch.

Show [*schoo*]
Versuch einer Mischung aus möglichst viel technischem Drumrum bei möglichst wenig Inhalt.

Showmaster [*schoomaasta*]
Ein Moderator, der glaubt, singen zu können, und es leider während der Sendung unmotiviert immer wieder tut. Eine Worterfindung Rudi Carrells in seinem Lied »Showmaster ist mein Beruf«. Abglanz einer verflossenen Zeit. Der artige Bundesbürger ließ sich früher von einem »Meister« unterhalten und folgte ihm bedingungslos.

Slapstick [*schleppschtikk*]
Ein Politiker versucht aus PR-Gründen (→ *PR*), an einem Fußballspiel teilzunehmen.

Stand-up [*ständ-app*]
Früher: Aufforderung zu politischem Engagement (Erhebt euch!). Heute: Aus Amerika stammende, besonders schematische Form der *Comedy*.

Star Trek [*staa trekk*]
Der lange Marsch durch die Sender. Auf Mao Tse-tung zurückgehende *PR*-Maßnahme nach Erscheinen eines Films, eines Buchs oder einer CD.

Star Wars [*staa woos*]
Bedeutendste Sage unserer Zeit.

Story [*schtorri*]
Die eigentliche Geschichte eines Films. Kann bei Kunstfilmen sehr lang und bei Actionfilmen sehr kurz sein.

Superstar
[*supastaa*]
Traumatisiertes Opfer einer Casting-Show.

Talkshow
[*tookschoo*]
Im Fernsehen gesendetes, der Nabelschau und Eigenwerbung dienendes, verkrampft launiges Geplauder immer derselben Prominasen unter Verkündung einer nichtvorhandenen Botschaft. »Bello, sag mal Talkshow!« »Ho hoo.« (Loriot)

Teleshopping
[*teleschopping*]
Moderne Form der Senioren-Busreise. Das Ergebnis ist allerdings das gleiche: Ehe man sich's versieht, ist man stolzer Besitzer einer überteuerten Heizdecke.

Thriller
[*ßrilla*]
Film mit immer gleicher Handlung: Intelligenter Serienmörder (Anthony Hopkins) wird trotz korrupter Polizeichefs (z. B. John Malkovich) und geldgeiler Medienheinis (Kevin Spacey, Jim Carrey) am Ende von sympathischer Ermittlerin (Jodie Foster) gestellt. Überraschung: Der Serienmörder war einer der korrupten Vorgesetzten oder geldgeilen Medienheinis!

Topmodel
[*toppmoddl*]
Traumatisiertes Opfer von Heidi Klum.

Western
[*westan*]
Abendfüllender Spielfilm mit *John Wayne*.

zappen
[*zappen*]
Verzweifelter Versuch, jemand anderen auf den Bildschirm zu bekommen als Reinhold Beckmann, Johannes B. Kerner, Barbara Schöneberger, Oliver Geissen, Hella von Sinnen, Sonya Kraus, Markus Lanz oder Jörg Pilawa.

>> Aufbauwortschatz:

Anchorman [*engchormän*]	Sprecher einer Nachrichtensendung, der so lange auftaucht, bis man ihn beim besten Willen nicht mehr sehen kann. Theoretisch. In der Praxis leider oft länger.
Bigger than Life [*bigga sänn laif*]	Überlebensgroß. Das, was deutschen Spielfilmen leider oft fehlt.
Bondage [*bondäitsch*]	Zeitalter der Filme mit James Bond.
Contest [*konntest*]	Wer Erster ist, gewinnt. Nicht schummeln. Interner Medien-Joke: »Waas, den Contest konntest du nicht?!«
Cut [*katt*]	Denglisch-Fossil aus der Filmproduktion. Früher wurden die Filmrollen an der Stelle durchgeschnitten, an der man glaubte, jetzt habe der dusselige Zuschauer die Szene begriffen. Mittlerweile macht man das am Computer mit der Maus, insofern müsste es heute »Click« heißen. Außerdem schneidet man inzwischen viel öfter und nennt es dann modern. Und der Kritiker jubelt: »Wow, schnell geschnitten!«
Cutter [*katta*]	Verwirrendes Wort: Gemeint ist weder der »Schneider« noch das »Fischerboot«, sondern der Mensch, der die *Cuts* macht. Oft rettet ein guter Cutter einem schlechten Regisseur den Arsch.
Dreamteam [*driimtiim*]	Gitti & Erika. Stan & Ollie. Derrick & Harry. Delling & Netzer. Lennon & McCartney. Heino & Mäuse. Sieg & Melzer.
Freak-Show [*friik-schoo*]	Früher: Vorführung von abnormen Menschen, also solchen mit drei Köpfen, mit Schwanz,

Ganzkörperbehaarung, Entenschnäbeln etc. auf Rummelplätzen. Heute: ›Richterin Barbara Salesch‹ oder ähnliche Gerichtsshows im TV. Mit Abstrichen (selten mit drei Köpfen) auch bei Germany's next Topfmodel.

Gang-Bang [*gäng-bäng*]
Schusswechsel zwischen zwei Verbrecherbanden.

Method Acting [*mässett äkkting*]
Angebersprech von Schauspielern, die entweder bereits eitle Großmimen sind oder dies anstreben.

Post-Production [*post-prodakktschn*]
Was nach dem Schreiben von Briefen oder Postkarten klingt, ist in Wirklichkeit ein Synonym für Augenwischerei. Vom lateinischen »post« für »nachher« kommend, beschreibt die Post-Production all die kleinen elektronischen Busenheber, Faltenglätter, Halteseile-Retouchierer, Gesang-erträglich-Macher in den Studios dieser Welt.

Prime Time [*praim taim*]
Zeit, in der angeblich die meisten Zuschauer vor dem Fernseher sitzen. Durchschnittlich mehr als drei Stunden. Aber Vorsicht, das summiert sich: Insgesamt verbringt jeder Deutsche mehrere Jahre seines kostbaren Lebens damit, sich all diese sinnentleerten *Shows*, *Talkshows* und *Rom-Coms* anzusehen.

Review [*riiwju*]
Rückblick. Hat rückblickend nichts Neues gebracht.

Set [*ßett*]
Tatort. Hier wird die unterhaltende Filmware verbrochen. Für manche ein mystisches Reich, denn an der Grenze zum Set endet der Hoheitsbereich des Grundgesetzes und die Scharia einer Filmdiktatur beginnt zu gelten. Die absolute Monarchie

war ein Kindergeburtstag dagegen. Und um die Menschenrechte eines Kabelträgers hat sich Amnesty International auch noch nie gekümmert. Besonders geheimnisvoll: Man kann nie »in« diesem Ort sein, nein, man ist immer »am Set«. So wie »am Strand«. Oder »am Durchdrehen«.

Shit Point
[*schitt peunt*]
Moment, in dem ein Mitglied der heiligen Zielgruppe (14- bis 49-Jährige) wegzappt. Führt zum Vivaldi-Effekt im Fernsehen: Jedes *Movie* kopiert dieselbe Dramaturgie, jede *Soap* hat dieselben *Cliffhanger*, jede *Show* dieselben Elemente, jeder *Showmaster* dasselbe Face. Mit Ausnahme von Stefan Raab. Und da wundert sich noch jemand, warum der so erfolgreich ist?

Showview
[*schoowju*]
Unverständliche Vokabel aus dem Videorecorder-Gebrauchsanleitungs-Universum. Sinn unbekannt.

Slow Motion
[*sloo mooschn*]
Rudolf Scharping.

Splatter-Movie
[*splätta-muuwii*]
In Amerika entwickeltes Filmkunstgenre. Eine Axt zerhackt eine beliebige Anzahl von Körperteilen, wobei es neben der Götterspeise-Optik vor allem auf das Geräusch ankommt. Daher »splatter«. Vom ZDF für den deutschen Markt adaptiert als Kochshow.

Stalker
[*stooka*]
Jemand, der einem andauernd ungebeten bis ins eigene Wohnzimmer folgt. Also all die Fernsehnasen vom Schlage eines Reinhold Beckmann, die von ihrem Sender als Allzweckwaffe eingesetzt werden.

Trailer
[*träila*]
Kurze Vorschau auf einen Film, die sowohl die komplette Handlung verrät als auch die besten

Pointen vorwegnimmt, sodass man sich das ganze Elend zum Glück nicht mehr ansehen muss.

Twitter Backlash [*twitter bäkkläsch*]
Horror aller Filmstudios: Früher konnten sie wenigstens mit den Einnahmen des Startwochenendes rechnen. Heute twittert irgendein Promi Freitagabend, dass der Film nichts taugt, und Samstag bleiben die Säle leer. Bitter. Reduziert die Risikobereitschaft von Hollywood weiter auf null.

voten [*wouten*]
Gegen die Bezahlung von hohen Telefongebühren an einer gefakten Abstimmung teilnehmen. Häufig bei Castingshows.

zoomen [*zuumen*]
Näher rangehen, ohne zu gehen. Bequem, was Kameras so alles können.

>> Konversationshilfe:

Die Film- und Fernsehwelt ist ein Haifischbecken. Jeder gegen jeden, alle gegen einen, ein Kampf auf Leben und Tod. Dementsprechend rau ist der Umgangston. Wenn du da kein Denglisch sprichst, kommst du unter die Räder. Um den vielen tausend hoffnungsfrohen Praktikanten den Einstieg zu erleichtern, hier ein paar Beispielsätze:

Darling, kannst du mir noch schnell die Shots für den Trailer zusammenstellen, damit der Cutter das noch cutten kann?
Wo bleibt mein Kaffee, Kabelträger!

Moment, ich muss noch kurz den Cliffhanger für das neueste Prequel zum Executive Producer bringen, sonst hab ich ihn wieder als Stalker am Hals.
Ich habe nur zwei Hände! Eins nach dem anderen.

Dann mal Action. Die Preview hat doch gezeigt, dass wir mit dieser RomCom schon bald den Shit Point erreichen, wenn wir nicht langsam mehr in Richtung Thriller oder Splatter-Movie gehen.
Alles läuft schief. Ich brauche dringend meinen Kaffee, sonst bleibt mir nur die Möglichkeit, meinen Frust an dem nächstbesten Kabelträger auszulassen. Und der bist du.

Na, ich weiß nicht, ob man bei der ganzen Freak-Show von Schauspielern mit ihrem verkrampften Method Acting überhaupt noch was rausholen kann. Das war doch schon am Set der reinste Slapstick. Da hilft auch kein noch so guter Plot, keine gute Story, Cut, Ende, Aus.
Ihr habt doch überhaupt keine Ahnung hier! Solange ihr so hoffnungsvolle Talente wie mich zum ewigen Kabeltragen verdammt, wird es sowieso nix werden.

Ach, wer weiß, vielleicht gibt es mit den ganzen Comedians und ihren Running Gags doch noch ein Happy End.
Geh Kaffee kochen!

SHIT
HAPPENS

People smsen

EVERYDAY-DENGLISCH

How do you do in your matschig Gummischuh? Alles *cool*, alles *easy*? *Rocken* Sie so richtig, haben Sie vom *Feeling* her ein gutes Gefühl? Oder mehr so schmuuf, *mellow*, *relaxed*? Am besten, alles trifft zu. Denn wir wollen ja glückliche Leser (sogenannte Happy Reader).

Sie merken schon, wir sind mittendrin in einer Wolke aus Denglisch. Manchmal ist das schön, manchmal ist das doof, aber es passiert. Who cares?

Nun haben wir, als wir für Sie dieses kleine Lexikon zusammengetragen haben, versucht, den Denglisch-Jungle in Gruppen zu fassen. Allerdings gibt es einige Begriffe aus dem täglichen Leben, die entziehen sich jeder Einteilung. Oder sie gehören in alle Kategorien gleichzeitig. Intern hießen diese Worte am Anfang »DDR« (Der Doofe Rest). Aber das nur so nebenbei. Wir lieben Ostdeutschland.

Anyway: Denglisch ist, wie wir wissen, längst mitten in der deutschen Sprache angekommen (siehe Before Word). Wir gehen in die *Bar,* haben ein gutes *Standing* und fragen uns beim *Carsharing*, ob wir dieses Automodell demnächst vielleicht *leasen* wollen. Das ist schon so normal, dass wir gar nicht mehr merken, wenn wir mit unseren Freunden das *Timing* fürs Barbecue beim Sportgucken absprechen.

>> Schlüsselbegriffe:

Baby [*bäibi*]: 1. Nichtalleinelebensfähige Menscheinheit, Säugling. 2. In angloamerikanischer Popularmusik auch: Schätzchen, Täubchen, Schnuckelchen, Süße, Liebste, Püppi, Schnitte.

Outsider [*autßaida*]: Schönes Beispiel für die wohltuende Kraft des Denglischen: Eine arme Menschengruppe, die früher mit Begriffen wie Mauerblümchen, Spacken, Zahnspangenträger und Tafelwassersklave, kurz: Außenseiter, tituliert wurde, darf sich heute eins fühlen mit den großen Outsidern Mad Max, Heiner Geißler, Helge Schneider und Hans-Christian Ströbele. Menschen, die es kultiviert haben, außerhalb der Gesellschaft zu stehen, und damit einen hohen Status errungen haben.

rocken [*rokken*]: Der absolute Gleichklang von positiven Energien bei einem schöpferischen Akt. Im Grunde das Verb zu *Flow*. Wenn man das Haus rockt, vergessen alle die Zeit, sind eins mit sich und der Menge um sie herum und streben dem Schweiße entgegen. Wenn das Haus dann tatsächlich gerockt ist, hängen alle erschöpft in den Seilen wie nach – mit Verlaub – gutem Sex. Wir geraten ins Schwärmen. Der Begriff hat sich mittlerweile von der Musik gelöst und wird heute generell für eine gelungene Arbeit verwendet (es soll Studenten geben, die bereits ihre Examensarbeit gerockt haben). Das ist eigentlich schön. Wenn allerdings ein gelackter Schlipsträger wie Jörg Pilawa davon spricht, irgendetwas zu »rocken«, können einem die Tränen kommen.

state-of-the-art [*ßtäit-off-sii-aart*]: Dieser butterweiche Gummiparagraph steht in jedem Bauvertrag für die eigenen vier Wände. Die rätselhaften Handwerker verpflichten sich damit, das Haus nach allen Regeln der Kunst zu bauen – was immer das auch heißt, wenn einem später dann das Wasser in den Keller läuft. Vom Bauwesen aus hat sich diese Bezeichnung vor allem in Berliner Szenevierteln breitgemacht und dient entweder dazu, geschmackliche Katastrophen zu kaschieren (»diese pinke Pluderhose ist absolut state-of-the-art«) oder andere Menschen seine

Arroganz spüren zu lassen (»deine komplette Idee ist doch nicht mehr state-of-the-art«). Beide, Bauwesen und Berlin-Angebertum, verbindet das große Rätsel, welcher Stand welcher Kunst denn nun genau gemeint ist. Wahrscheinlich das einzige Adjektiv aus vier Wörtern.

Trendsetter [*trenntßetta*]: Keine besonders stylische Hunderasse, sondern ein Mensch mit dem »gewissen Etwas«, der morgens die Hose falschherum angezogen hat und am Nachmittag feststellen muss, dass die Kids in Buxtehude inzwischen genauso rumlaufen. Er »setzt« halt einen *Trend*. Trendsetter zu sein kann man nicht lernen, es ist eine Begabung.

>> Grundwortschatz:

Airbag [*äabääg*] Luftsack. Beschimpfung für einen dicken Politiker ohne Inhalte.

Babysitter [*bäibißitta*] Nichtmündige überforderte Aufsichtsperson für nichtmündige unter 7-Jährige.

Bar [*baa*] Zentrales Kneipenmöbel zur Getränkebeschaffung oder gleich die ganze Kneipe mit all den überkandidelten Spinnern. Nicht: bezahlen mit Geld.

Basics [*bäißikks*] »Das sind die absoluten Basics.« Höflichkeitsform von: »Wenn du nicht einmal das geschnallt hast, kann ich dir auch nicht helfen, du *Honk*.«

Bodyguard [*boddigaat*] *Bodybuilder* mit Schutzfunktion/Lebenssinn.

Bodyshop [*boddischopp*] Bordell.

Box [*bokks*]	Eigentlich: Aufforderung, jemanden zu hauen. Heute vielseitig für: Kasten oder Behälter (z. B. Sushi-to-go-Box, Lautsprecherbox etc.).
Butler [*battla*]	Bezahlter Sklave. Wie muss es sein, ständig einen Menschen um sich zu haben, der besseres Benehmen hat, besser organisieren kann und besser kocht? Ach, so geht es allen verheirateten Männern? Na gut.
City [*ßiddi*]	Man könnte auch »Innenstadt« sagen, aber aus irgendeinem Grund glauben die Stadtplaner, dass man dann dort keine Hosen verkaufen kann.
clever [*kläwwa*]	Schlau für Gescheiterte (»Du hältst dich wohl für besonders clever, was?«). Ins Schwäbische eingewanderter Dino-Anglizismus (»Cleverle«).
Copyshop [*koppischopp*]	Veraltet für: Drucker.
Desaster [*disasta*]	Steigerungsform von Katastrophe. Gerne als Nachsatz benutzt, um die Verzweiflung zu betonen: »Das ist eine Katastrophe. Ein Desaster!«
Ey! [*äi*]	Entschuldigen Sie, aber Sie stehen auf meinem Fuß und Ihr Gewicht beginnt langsam, aber stetig mein Wohlbefinden negativ zu beeinflussen.
fifty-fifty [*fiffi-fiffi*]	Ungerechter Verteilungsschlüssel.
flippern [*flippan*]	Sehr schöne Freizeitbeschäftigung aus den 70ern. Aber wo, bitte, gibt's heute noch Flipperautomaten?
Flow [*floh*]	Idealzustand des Bewusstseins. Man geht völlig

in seinem Tun auf und vergisst alles um sich herum. Das ist zwar nicht witzig, aber erstrebenswert.

Hi!
[*hai*]

Besonders schlimm für »Hallo!«. Neuerdings oft ersetzt durch das schwedische »Hej«. Sagt ein Fisch zum anderen: »Hi!« Sagt der andere: »Wo?« Einen hab ich noch: Sagt der eine Fisch zum anderen: »Wollen wir Hairaten?« (klopf, klopf, klopf) Sagt der andere: »Hammerhai!«

Highlight
[*haileid*]

1. Das Elend der großen Knorpelfische.
2. Besonders langweiliger Moment. Es ist immer Vorsicht geboten, wenn etwas als »Highlight« angepriesen wird.

in
[*inn*]

Bekleidung, Liedgut, Getränke usw., die der Freundeskreis befohlen hat. Steht noch nicht im ›Spiegel‹. Denn: Wenn der ›Spiegel‹ einen *Trend* aufgreift, ist er garantiert bereits *out*.

Jackpot
[*dschäkkpott*]

Nein, das reden wir jetzt nicht schlecht. Es ist unsere einzige Hoffnung. Und die Wahrscheinlichkeit, bei 80 Millionen Orten ausgerechnet in Bokholt-Hanredder aufzuwachsen, war auch nicht größer.

Kick
[*kikk*]

Nicht: ramschiges Einkaufen. Sondern: aufweckendes Gesäßtreten. Wussten Sie, dass es auch Getränke gibt, die einem in das Gesäß treten können?

Leasing
[*liising*]

Mietkauf. Erspart dem Kunden das hässliche Wort »Kredit«.

Life Skills
[*laif skills*]

Gehören zum sogenannten Erwachsenwerden. Zähneputzen, Pünktlichkeit, Steuererklärung, Durchhaltevermögen, Freundlichkeit sind nur einige dieser Life Skills, ohne die man auf der Straße landet. Oder in einem Millionärsvorort von Los Angeles. Dies geschieht allerdings deutlich seltener.

Memory [*memmorri*]
Das einzige Spiel, bei dem man als Erwachsener dauernd gegen die eigenen Kinder verliert. Frustrierend.

never [*näwwa*]
Niemals. Also: auf gar keinen Fall. Wird immer am Ende des Satzes verwendet: »Das habe ich niemals gesagt, never!« Heute würde auf deutschen Denkmälern stehen: »Deutschland dreigeteilt? Never!«

out [*autsch*]
Der Lieblingspullover nach nur einer Saison. Schade. Wenn man sich jetzt noch mit dem guten Stück nach draußen traut, wird man gnadenlos ausgelacht und muss in völliger Isolation und ohne jeglichen Sozialkontakt sein Leben in kompletter Einsamkeit elendig beenden.

overdressed [*ouwadresst*]
Mit Schwimmflügeln in der Sauna.

Safer Sex [*ßäifa ßäkks*]
Sehr private Form von: »Handle stets so, dass die Maxime deines Willens jederzeit zugleich als Prinzip einer allgemeinen Gesetzgebung gelten könne.« Immanuel Kant.

scrabbeln [*skräbbeln*]
Kreuzworträtsel rückwärts.

sexy [*ßäkksi*]
Dieses besonders schöne Wort erfährt leider eine ähnliche Entwicklung wie *rocken* und *Performance*. Mittlerweile kann sogar der Kurs einer Aktie »sexy« sein. Fetische gibt's!

Shit
[*schitt*]
1. Scheißendreck, Alter!
2. Besonders gutes Haschisch.
3. Gesamtwerk eines *Hip-Hop*-Künstlers. »Ihr hört meinen Shit und groovt alle mit.« Steigerung: Bullshit.

smsen
[*simmsen*]
Hilfreiches Mittel, einen Tagesausklangspartner loszuwerden, ohne mit ihm reden zu müssen.

soft
[*ßofft*]
Beruhigen eines Menschen: Alter, bleib mal soft!

Spleen
[*spliin*]
Methode des Selbstmarketings: Es mag andere stören, wenn man beim Essen in der Nase popelt. Nenn es einen Spleen und schon ist es kein Problem mehr, denn man hat sofort einen schrulligen Engländer vor Augen, der auf seine britisch-sympathische Art einen Tee schlürft.

Spray
[*spree*]
1. Fluss in Berlin.
2. Zerstäuber für Geruch, Graffitis und Haarklebe.

Tattoo
[*tättuu*]
In die Haut eingraviertes Bild, das für alle Zeiten den IQ des Trägers anzeigt. Sind es nur obskure Muster, spricht man von einem »Tribal«. Der Clan für diese Stammeszeichen muss allerdings noch erfunden werden.

Teamwork
[*tiimwöak*]
Euphemismus aus der Sozialwissenschaft für: Einer macht alles, und die anderen kriegen den Schein. Auch bekannt aus dem Handwerk: Einer arbeitet und drei gucken zu.

tough
[*taff*]
Hart im Nehmen. Geht seinen Weg. Nicht leicht zu beeindrucken. Nicht leicht zu übersetzen.

Trend
[*trennt*]
Ein Trend trennt die Wissenden von den Nichtwissenden. Um ihre Interessen durchzusetzen,

behaupten die *Opinion Leader* einfach einen Trend, alle laufen hinterher und schon entsteht er. Naher Verwandter von Mode, *in* und *out* sowie von »angesagt«.

Walkman
[*wookmän*]
1. Masseur. 2. Wokverkäufer. 3. Ein Herr, dem sein Arzt das Walken empfohlen hat. 4. In den 80er-Jahren verbreitetes Gerät zur Herstellung von Schwerhörigkeit bei Jugendlichen. Wurde abgelöst durch den I-Pod.

Whirlpool
[*wöalpuul*]
Angeberobjekt sehr dicker, neureicher Prahlhansel, die nicht mal schwimmen können. Nicht: pupsen im Nichtschwimmerbecken.

Workshop
[*wöakschopp*]
Nicht: Jobcenter, sondern »Kurs«. Ein Wochenende Gesülze mit einem Guru kann schon mal 800 Euro kosten. Daher »Shop«. Aber was das mit Arbeit zu tun hat, bleibt offen.

>> Aufbauwortschatz:

abgefuckt
[*appgefakkt*]
... ist ein mit allen Wassern gewaschener Zyniker.

Airconditioning
[*äakonndischening*]
Mitten im Sommer frieren.

Black Box
[*bläkk bokks*]
»Ne jroße schwatte Raum« (Feuerzangenbowle). Wird einem immer dann als Erklärung angeboten, wenn man nicht so genau wissen darf, was im Inneren passiert, und das Ergebnis unkritisch akzeptieren soll. »Entscheidend ist, was hinten rauskommt.« (Helmut Kohl)

canceln
[*kännßeln*]
Stammt ursprünglich aus dem religiösen Bereich. Jemanden abzukanzeln ist die angenehme

Möglichkeit, ihn von der sicheren Kanzel aus zur Schnecke zur machen. Heute: Verspätetes Absagen eines Termins, den man nie ernsthaft wahrnehmen wollte: »*Oops*, muss ich leider canceln.«

Carsharing [*kaaschäring*]
Leider kaum möglich. Wie soll man sich ein Auto teilen, das doch zur eigenen Identität gehört? Schade, die Idee ist verdammt gut.

City Center [*ßiddi ßenta*]
Besonders trostlose Einkaufspassage.

Dirty Talking [*dörti tooking*]
Geräusch beim *Sex*, das auf dem Grundgedanken beruht, den anderen zu beleidigen. Große Ähnlichkeit zum *Casting*. Habt ihr das endlich kapiert, ihr Hurensöhne? Ihr verf###ten Schlampen? Ich werd euch so lange ##### und ####, bis ihr #### endlich ####, #### und #####!!! (→ *Sorry*!).

Dummy [*dammi*]
Früher: Liebevoll für »Vollidiot«. Heute: Attrappe/Platzhalter. 1. Im Automobilbau: Verletzungserprobungspuppe. 2. In der Werbung: Leere Verpackung, die man in die Kamera halten kann, also alle Bücher von Thilo Sarrazin. Und damit wären wir dann wieder bei der Verletzungserprobung.

Early Excellence Center [*öali ekksellens ßenta*]
Kindergarten mit Japanischkursen. Dafür gehen angloamerikanische Kinder in den »kindergarten«. Ausgleichende Gerechtigkeit.

Enrichment [*enritschment*]
Bereicherung des Lehrplans für Hochbegabte. Also Grundschule mit Atomphysik (siehe oben).

Gentlemen's Agreement [*dschenntlmänns ägriiment*]
Vertrag, der nur auf gegenseitigem Vertrauen beruht und nicht gerichtlich eingeklagt werden kann. Mutig. Sehr mutig.

highlighten [*hailaiten*]
Etwas mit dem Textmarker bunt machen. Boah, wie wichtig.

hip [*hipp*]
... hurra! O.k., der Witz ist nicht gerade hip, ließ sich aber leider nicht vermeiden. Welches Wort ist nun hipper: *stylish*, *trendy*, *in*, *cool* oder *leger*? Ein hipper Jazzclub ist auf jeden Fall voll gechillt!

hochjazzen [*-dschässen*]
Unglaublich eitles Wort. Macht die sprichwörtliche Mücke zum Elefanten. Eigentlich das Grundprinzip der Werbung: Ein winziges Nichts wird zum absoluten Superknaller hochgejazzt.

Identity Foundation [*aidentitti faundäischn*]
Gemeinnützige Stiftung zur Wissenschaftsförderung. Hätten Sie's gedacht?

Jerk [*Jörg*]
Ein *Nerd* ohne Computerkenntnisse.

Learning by Doing [*lööning bai duuing*]
Anerkanntes Verfahren in der Schönheitschirurgie. Ergebnisse siehe Michael Jackson, *Zombies*.

leger [*läschscher*]
Im Gegensatz zum französischen »leger« [*leeschscheer*] ist die denglische Version cooler, hipper. So wie eine alte Lederjacke.

Loft [*lofft*]
Künstlerwohnung in leerer Fabriketage. Wovon träumst du nachts?

Mobbing [*mobbing*]
Gezielte, dauerhafte Beleidigungen. Im Gegensatz zum *Dirty Talking* ohne sexuelle Absicht. Im Gegensatz zur Casting-Jury ohne Musik.

No Way!
[*nou wäi*]
Ja, meinetwegen.

Petting
[*petting*]
70er-Jahre Anglizismus für Tätigkeit von Teenagern auf *Partys*. Der Begriff ist heutigen *Kids* aufgrund von *Youporn* nicht mehr geläufig.

Pipeline
[*paiplain*]
Eigentlich heißt es »Rohrleitung«, wird aber heute meistens als Ausrede benutzt: »Kannst du mir eine Zigarette leihen, meine Schachtel ist noch im Automaten.« Bzw.: »Wir haben zwar nix vorbereitet, aber wir haben da noch was in der Pipeline.«

Power Napping
[*paua näpping*]
Selig, wer das kann: Einfach für ein paar Minuten die Augen schließen und schlafen. Danach ist man fit wie ein Turnschuh und hat die volle Power. Gegenanzeige: Der bei Autofahrern beliebte Sekundenschlaf soll weniger gesund sein.

Props
[*propps*]
Abkürzung für »proper respect«. Props gehen raus. Und zwar »an«. Höchstes Lob unter Cool-People. In diesem Fall sagen die Autoren: Die Props gehen raus an dtv, weil sie mit uns dieses krasse Buch machen.

Rowdy
[*raudi*]
Harmloser Jugendlicher, der von Heinz Rühmann noch zahmer gemacht wird (›Der Pauker‹). Denglizismus, der in den 50ern Angst und Schrecken verbreitete.

Selffullfilling Prophecy
[*Selffullfilling proffässii*]
Sich selbst erfüllende Prophezeiung: »Oh Mann, ich schaff das nie!« Umgedreht durch Muhammad Ali: »Ich bin der Größte!«

Simplify your Life
[*ßimplifai joa laif*]
Kauf dir das Buch, das Nachfolgebuch, die Special Edition, die Zeitschrift und den Kalender, und

dein Leben wird genauso chaotisch und missraten sein wie vorher!

smirten
[*smöaten*]
Beziehungsanbahnendes Frieren vor der Kneipe bei gleichzeitigem Genuss von Rauchwaren. Der Begriff (aus: smoken + flirten) entstand infolge der Anti-Raucher-Gesetze des Jahres 2008 und bezeichnet eine *Win-win*-Situation: Man kann in Restaurants und Kneipen wieder atmen und die Raucher lernen vor der Tür endlich mal eine Frau kennen.

smooth
[*schmuf*]
Eine hochexplosive Mischung aus *soft*, *easy*, *relaxed* und gechillt *(→ chillen)*. Im Grunde der absolut *coolste* Begriff unter den Weichwörtern.

Spoiler
[*schpeuler*]
Flugzeugbauteil am Auto. Sieht beknackt aus, kann dafür aber nicht fliegen.

strange
[*sträinsch*]
Eine Mischung aus fremd und schräg. Etymologisch in der Nähe von »streng« anzusiedeln, im Sinne von: »Es riecht etwas streng.«

SWAG
[*swäägg*]
Abgehangenes Wort genau zwischen Coolness und Style. Den Swag dreht man auf und hat dann den Swagger. Zu *cool*, um es zu übersetzen.

that's it
[*sättz itt*]
Hamburgisch: Issooooo!

Timetable
[*taimtäibl*]
Stundenplan für Tischbesitzer.

Training on the Job
[*träining onn se dschobb*]
Bei Subway wird man als *Sandwich-Artist* ausgebildet. Trainiert. On the Job. Also wird man gar nicht ausgebildet und fängt sofort an zu arbeiten. Was ist bloß aus dem guten alten *Learning by Doing* geworden?

tricky
[*trikki*]
Schwierig und anspruchsvoll, aber für mich kein Problem. »Das ist etwas tricky, das musst du so und so machen.« Klappt dann meistens nicht.

weird
[*wiiad*]
Verrückt auf eine sympathische und doch beängstigende Weise. Schon die Erklärung für »weird« ist ein wenig weird. Vielleicht ist es hilfreich, das Video zu der Michael-Jackson-Parodie ›Fat‹ von »Weird« Al Yankovic zu schauen. Es gibt dafür kein deutsches Wort, aber »durchgeknallt« kommt dem am nächsten.

Work in Progress
[*wöak in proogress*]
Wird nie fertig. Im Regierungsdeutsch auch bekannt als »Gesundheitsreform«.

>> Konversationshilfe:

Am schwersten ist immer auf dem Platz, wie der Fußballtrainer sagen würde. Wirklich beweisen müssen wir uns im Alltag. Denn nur mit Everyday-Denglisch kann man zum Beispiel die klassische Situation im Bus entschärfen, wenn einen der viel zu laute mp3-Player des Nachbarn in den Wahnsinn treibt:

> Ey, du Rowdy, könntest du bitte deinen Walkman leiser machen, ich kann den Groove schon mitdancen und höre mein eigenes Handy nicht mehr. Wie soll ich denn da Smalltalk machen?
> *Mein lieber Freund, ich freue mich sehr, dass Sie Ihre Umwelt an Ihrem Musikgeschmack und somit an Ihrer Lebenseinstellung teilhaben lassen wollen, aber ich versuche gerade ein Gespräch zu führen, das mit monotonen Viervierteltakten nichts zu tun hat.*

Alter, bleib mal soft, das ist nicht so easy, das ist voll tricky, dafür muss man erst einen Workshop machen, denn mein I-Pod läuft gerade im Testbetrieb, wie tough Teenagerohren so drauf sind. Trial and Error. That's it.

Hallo?! Du Spießer, ich betrachte die Lautstärke meiner Musik als Symbol für die Nichtidentifikation mit euren Werten. Dies ist keine Musik, sondern ein Statement!

No way! Du hast doch einen Spleen, hier so eine Show abzuziehen. Dass es da Ärger gibt, ist doch eine Selffullfilling Prophecy! Das geht nicht, never.
Dann hast du ja dein Ziel erreicht: Ich habe mich zum spießigen Horst gemacht. Dann könntest du ja jetzt …

O. k., dann stell ich das softer ein.
Na gut, Nervensäge. Ich mach's leiser.

Na, das nenn ich Teamwork.
Oh, welch Glücksmoment menschlicher Gemeinsamkeit, welch Quell zwischenmenschlicher Inspiration! Ein Wärmestrom der Sympathie, voll von Liebe und Verständnis!

Jerk.
Arschloch!

PREMIUM-DENGLISCH

Wir haben es ausgiebig gezeigt: Denglisch ist ein Eldorado für Blender, Dummschwätzer, Prahlhansel und Angeber. Denglisch ist aber auch das genaue Gegenteil: die Sahnehaube auf unserem Sprachkuchen! Wir vergeben die Preise für »The very Best of Denglisch« in drei Kategorien: 1. Klangperlen, 2. denglische Lebensweisheiten und 3. soziologische Geistesblitze.

Latin Lover

DENGLISCHE GAUMENSCHMEICHLER

Warum haben es Nonsenswörter wie Techtelmechtel, etepetete, Rambazamba oder ruckzuck in unser Alltagsdeutsch geschafft? Weil sie sich reimen! Wir lieben es einfach doppelt gemoppelt. Englisch hat nicht nur viele Selbstreimer hervorgebracht: sie ergeben dort sogar noch Sinn! Ist es also ein Wunder, dass wir sie adoptiert haben? Dreamteam, Topjob, No-Go, Jetset, Toy Boy, Brain Drain, Prime Time, Walkie-Talkie, Flower Power, Master of Desaster – das spricht sich gut, klingt gut, sieht gut aus. Deutsche Musikgruppen wie »Boss Hoss« oder die »Wise Guys« haben das Prinzip erfolgreich kopiert.

Es muss nicht immer Endreim sein. Think Tank, Sex sells, Soft Skills, Rock'n'Roll, Time Tunnel – allesamt Sprachkunstwerke. Und nicht nur durch die Alliteration. Nehmen Sie den Latin Lover. Der lateinamerikanische Liebhaber hat dieselben Anfangslaute – trotzdem fehlt jede Erotik. Der »Verein Deutsche Sprache« schlägt als Ersatz für Fast-Food Wörter wie »Schnellkost«, »Eilmampf« oder »Flinkie« vor – wozu? Fast-Food ist perfekt: zwei prägnante Einsilber, wie von Zauberhand verbunden durch die beiden F.

Englisch hat einen tollen Sound. Und das ist auch der Grund, warum deutsche Sänger so oft englisch singen – und damit Welterfolge feiern: »Ma Baker«, »Forever young«, »Cheri Cheri Lady«, »Lemon Tree«, »I feel lonely« oder »From Sarah with Love«. Probieren Sie's mal, singen Sie englisch – es klingt sofort so, als ob Sie's echt draufhätten!

Das Faszinierende am Deutschen ist, dass es für alle wichtigen Dinge nur eine Silbe braucht: Wort und Tat, Haus und Hof, Mensch und Tier, Mann und Frau, Gott und Tod, Hand und Fuß, Schlag und Schwert, Fleisch und Fisch, Geist und Leib, Wein und Bier.

Aber auch das Englische kennt diese prägnanten Einsilber. Und weil wir nicht so reden möchten, wie Thomas Mann schreibt, haben wir sie uns sehr früh und nachhaltig über den Kanal geholt: Substantive wie Bar, Bluff, Boom, Boss, Crack, Drink, Film, Gag, Lift, Loft, Trend, Test, Trick, Toast, Sex, Show und Sport. (Ja, auch Shit und Fuck!). Verben wie meet, run, call, watch, kill oder smoke. Adjektive wie soft, cool, fast und slow – oder die grade erst eingewanderten tight, crank und smooth. Der Slip hat eine Silbe, die Damenunterhose sechs. Man braucht keine Verschwörungstheorie, um die Liebe zum Slip zu verstehen. Und Sex spricht sich besser als Geschlechtsverkehr.

Last but not least – wie fänden Sie folgende Anmoderation auf einer Preisverleihung: »Und nun, meine Damen und Herren, der Letzte, aber nicht das Letzte ...« Gut, dass es Englisch gibt! Briten verstehen einfach mehr von Höflichkeit und Charme. Darum geht es im nächsten Abschnitt.

Shit happens
DENGLISCHE LEBENSWEISHEITEN

Geduld, Höflichkeit und Bescheidenheit, die Fähigkeit zur Selbstironie, die Gabe, das Schicksal gelassen zu ertragen und in eine pointierte Geschichte zu verwandeln, Skepsis gegenüber allen Missionaren und Berufsbesserwissern, das Vermögen, die Dinge und sich selbst nicht zu ernst zu nehmen, nicht einmal den Tod – es gibt unendlich viel, was wir von den Engländern lernen können. Binnen einer Generation haben sie ein ganzes Weltreich verloren. Und – jammern sie darüber? Wir dagegen verzweifeln, wenn wir bei PISA nicht unter den ersten drei landen. Und nur noch Export-Vizeweltmeister sind.

Merkwürdig: Wir Deutschen neigen dazu, den Schlüssel zur Lebensweisheit beim Dalai Lama zu suchen oder bei Indianerhäuptlingen, die vor dreihundert Jahren gelebt haben, und orientieren uns damit an Kulturen, die nicht viel mehr hinbekommen haben als Jagen, Sammeln und primitiven Ackerbau. Die Engländer haben den Rechtsstaat erfunden, die Dampfmaschine und die moderne Wissenschaft. Vielleicht sollten wir mal anerkennen, dass sie die moderne Welt von Anfang an mental besser verarbeitet haben als wir. Von Francis Bacon über John Locke bis zu Bertrand Russell. Vielleicht sickert ja über das Denglische etwas von ihrem Pragmatismus und ihrer skeptischen Vernunft in unsere deutsche Seele ein, die gerne nur zwischen weltferner Romantik und borniertem Spießertum pendelt.

Noch schwieriger wird die Einsicht, dass wir von den Amerikanern etwas lernen können. Die Vereinigten Staaten haben mehr zu bieten als die Kreationisten und die Todesstrafe. Zum Beispiel: Optimismus, Tatkraft, positives Denken, Erfindergeist, Stolz auf die demokratische Tradition, neidlose Anerkennung von Erfolg, couragiert kämpfende Minderheiten, Liebe zu gutem Service. Die Liste ist lang. Fahren Sie einfach mal hin. Oder lesen Sie dieses Kapitel!

agree to disagree [*ägrii tu dissägrii*]: Gut für Religionen, gut für Staaten, gut für Beziehungen: Konsens über Dissens erzielen. Lessing sprach von Toleranz. Davon können wir alle noch etwas mehr gebrauchen.

Back to the Roots [*bäkk tu se ruuts*]: Auch die Liberalen hatten mal eine gute Zeit: 1848, als sie eine Verfassung forderten, oder in der 1970ern, als sie unser Strafrecht entrümpelten. Lieber Guido: Back to the Roots!

born to be alive [*boon tu bi älaif*]: Genau. Nicht: geboren, um zu funktionieren!

Common Sense [*kommen ßänns*]: Das Sympathische an der angelsächsischen Philosophie: Keine in sich geschlossene Theorie auf höchstem Abstraktionsniveau wie bei Kant oder Hegel, sondern ein sprachliches und gedankliches Anknüpfen an das, was jedem unmittelbar einleuchtet. Der »gesunde Menschenverstand« ist leider keine gute Übersetzung. Wer anders denkt, ist nicht krank!

don't worry, be happy [*dount worri, bi häppi*]: Der Deutsche ist, wie Sebastian Schnoy treffend feststellt, grundsätzlich besorgt. Der Jugendliche hat Angst vor der Erderwärmung. Seine Eltern vor Computerspielen. Unternehmer vor zu hohen Lohnnebenkosten. Gewerkschaften vor der Globalisierung. Stets ist die Sorge schwer, das Leben hart, die Zukunft düster. Was dagegen hilft? Vielleicht der A-cappella-Geniestreich von Bobby McFerrin inclusive dreistimmigem Pfeifen.

Fairness [*fäaness*]: Legendäre englische Lebenshaltung: dem anderen eine faire Chance geben, auch wenn man keine Lust dazu hat, auch wenn es ein Konkurrent ist, auch wenn niemand den Betrug merken würde, und auch wenn einem seine Religion, seine politische Meinung oder sein Aussehen nicht gefällt. Sich in einer Schlange hinten anstellen und nicht vordrängeln. Gerechtigkeit gibt es vielleicht beim Jüngsten Gericht. Fairness ist hier und jetzt möglich.

gentlemanlike [*dschenntlmänlaik*]: Wenn Sie das nächste Mal kurz vor einem cholerischen Ausbruch stehen – fragen Sie sich, wie John Steed an Ihrer Stelle handeln würde. Und tun Sie das. Wird Eindruck machen.

I'll do my very best! [*ail du mai werri best*]: Sollte man sich generell zu Herzen nehmen. Studien haben ergeben, dass diejenigen zum Burnout neigen, die ihrem Beruf mit einer Jobmentalität nachgehen.

just for fun [*dschast foa fann*]: Für uns Ernste und Nachdenkliche verdammt schwer. Aber ehrlich, es ist gar nicht schlimm und auch nicht oberflächlich, etwas nur zum Spaß zu tun! Es muss nicht immer Weltrettung sein.

Kill your Darlings [*kill joa daalings*]: 90 % aller Filme und Bücher sind zu lang, weil die Schöpfer aus Eitelkeit an jeder Stelle kleben. Kill your Darlings! Das Gute ist der Feind des Besseren.

Ladies first! [*läidiis föast*]: Von deutschen Drängelmännern noch nicht zu hundert Prozent verinnerlicht. Das Wort Charme kennt im Deutschen keine Entsprechung.

Make Love not War [*mäik law nott woa*]: Auf Jesus Christus zurückgehende, von Immanuel Kant philosophisch begründete und in Woodstock popularisierte vernünftige Verhaltensregel, die sich leider bis heute nicht durchgesetzt hat.

Melting Pot [*melting pott*]: Schmelztiegel. Amerika ist eine Idee, und seine Kultur wird geprägt von Iren, Italienern, Afroamerikanern, Deutschen, Schotten, Russen, Juden, Engländern, Latinos und Indern, die alle stolz darauf sind, Amerikaner zu sein.

Murphy's Law [*möfies loo*]: Murphys Gesetz: was schiefgehen kann, wird schiefgehen. Unter dieser Voraussetzung ist das Glas nie halbleer, sondern immer halbvoll. Übrigens: Der Physiker Robert Matthews wies nach, dass Toastscheiben tatsächlich immer auf die Butterseite fallen.

No Sex in the Office! [*nou ßäkks in se offiss*]: Dabei geht es nicht darum, nicht im Büro zu vögeln. Sondern mit niemandem *aus* dem Büro! Denn was passiert, wenn einer von euch irgendwann nicht mehr will, der andere aber doch, und ihr müsst weiter zusammen arbeiten – in einem Büro? Deshalb: Never fuck the Company!

No Sports! [*nou spoots*]: Soll Churchill auf die Frage geantwortet haben, wie er sein hohes Alter erreicht habe. Stimmt aber gar nicht! Churchill war ein hervorragender Polo-Spieler. Dass er den Einsatz von Giftgas in Kolonialkriegen befürwortete, war dagegen weniger sportlich.

Rock'n'Roll [*roggnroul*]: Und jetzt meinen wir nicht die Musikrichtung aus dem Buddy-Holly-Musical. Sondern das Lebensgefühl und die Lebensart, für die es leider keine deutsche Übersetzung gibt. Freunde, das Leben ist nicht nur Arbeit. Was wir brauchen, ist einfach mehr Rock'n'Roll! Wie sagen die Amerikaner? It's better to burn out than to fade away.

Service [*ßöawiss*]: Um wie viel geschmeidiger als unser Wortungetüm »Dienstleistung«! Dass es angenehm und erleichternd ist, ja, ein Gefühl der Freiheit vermittelt, abends um zehn noch einkaufen gehen zu können, ist für uns ein beängstigender Gedanke. Was ist mit der Kassiererin? Zerbricht ihre Ehe? Verwahrlost ihr Sohn? Diese Sorgen gereichen uns zur Ehre. Und sind wohl der Grund dafür, dass es mit dem *Service* bei uns nie so richtig was werden wird.

Shit happens [*schitt häppens*]: Der Deutsche erstellt eine Mängelliste, gründet einen Verein und meldet eine Demonstration an. Der Engländer sagt: Shit happens! *Kids*-Version: Ach, das war eine teure chinesische Vase? *Sorry*.

Small is beautiful! [*smool is bjutifull*]: Nicht nur ökologisch sinnvoll, sondern vor allem auf Männer anzuwenden – einer von uns ist 1, 68m!

Sorry! [*ßorri*]: Kann man gar nicht oft genug sagen. Hilft!

Take it easy! [*täik it iisi*]: Die Dinge leicht zu nehmen – das ist für uns »das Einfache, was schwer zu machen ist« (Bert Brecht). Also, habt Geduld. Wenn ihr es nicht schafft, die Dinge leicht zu nehmen – nehmt es leicht!

The Show must go on! [*se schoo masst go onn*]: Auch das ist lebensklug. Es hat nämlich wenig Sinn, aus Verzweiflung darüber, dass wir sterben müssen, gar nicht erst zu leben.

topsecret [*toppsiikrett*]: Die Tugend der Diskretion. Auf Deutsch: bitte weitersagen!

Treat them mean, keep them keen! [*triit sem miin, kiip sem kiin*]: Liebe Jungs: Frauen finden euch leider erst dann unwiderstehlich, wenn ihr euch ziemlich gemein aufführt. Und das ist die Wahrheit! Würde es sich sonst auf Englisch reimen?

Trial and Error [*traiel änd erroa*]: Versuch und Irrtum. Grundprinzip der Vernunft. Und einzige Erkenntnismethode, die wir haben. Liebe Katholiken, Protestanten, Muslime und Marxisten: Das Erklären einer Person oder eines Buches zur Quelle der Wahrheit ist kein Mittel zur Erkenntnis!

Understatement [*andastäitment*]: Auch British Understatement: sein Licht bewusst unter den Scheffel stellen. Angela Merkel und Thomas Müller haben gezeigt, dass auch Deutsche das können. Yeah!

Yuppie meets Dinkie
KLEINE DENGLISCH-SOZIOLOGIE

Die Soziologie kämpft verzweifelt um ihre Reputation als Wissenschaft. Soziologen sprechen schon kein Denglisch mehr, sondern nur noch Englisch: ein ganzes Fach wandert sprachlich aus. Was schade ist. Denn Soziologie ist nützlich. Sie widerlegt Vorurteile und enttarnt politische Schutzbehauptungen. Sie lässt uns verstehen, wer wir sind. Und schärft unseren Blick: Wer läuft in unserer Gesellschaft eigentlich alles so rum?

Und hier kommen wir zu einer dritten Variante von Premium-Denglisch. Nicht nur mit ihren genialen Abkürzungen, nein, insgesamt beschreiben Anglizismen soziale Typen und Milieus besonders treffend: *Hippies. Outlaws. Nerds.* Wer das noch nicht kennt, sollte es schleunigst lernen. Hier kommt der Grundkurs: Social-Denglisch!

Babyboomer [*bäibibuuma*]: Unmittelbar vor Erfindung der Pille geborene Generation, die es ihr Leben lang mit überfüllten Schwimmkursen, Klassen, Hörsälen etc. zu tun hat.

Bankster [*bänksta*]: Mischung aus Banker und Gangster. Geniale Wortschöpfung von Barack Obama. Die Spekulation geht trotzdem weiter.

Couch Potato [*kautsch potäitou*]: Sofakartoffel. Gegenteil von *Gentleman, Gangster, Outlaw, Toy Boy, Punk* und *Selfmademan*. 90 % der deutschen Männer.

Dandy [*dändi*]: Kultivierter Ästhet mit formvollendeten Manieren. Würde nie arbeiten. Lord Byron, Oscar Wilde, Tom Wolfe. In Deutschland eher als Realsatire: Christian Kracht, Benjamin von Stuckrad-Barre und ihr »popkulturelles Quintett« tauschen im

Berliner Nobelhotel Adlon extremste Belanglosigkeiten aus, die sie als Buch veröffentlichen (›Tristesse Royale‹) und zum »Sittenbild unserer Generation« *hochjazzen*.

Establishment [*istäblischment*]: Das, wogegen der *Underdog* kämpft. Für die Nachgeborenen: »Wer zwei Mal mit derselben pennt, gehört schon zum Establishment.« Gerd Schröder, Joschka Fischer und Roland Kaiser haben sich daran abgearbeitet. Und sind dennoch im Establishment gelandet.

Fan [*fään*]: Jemand, der sich durch die Bewunderung anderer definiert. Erniedrigend für den Bewunderer, unangenehm für den Bewunderten. Geht über in den Wirtschaftszweig des *Merchandising* und in den Straftatbestand des Stalking. Entspricht dem medialen Personenkult (→ *Society*, → *People-Journalist*).

Gangster [*gängsta*]: Im Gegensatz zum dilettantischen Gelegenheitskriminellen betreibt er sein Metier wie ein bürgerlicher Unternehmer: Er durchläuft eine Ausbildung, wird nach dem Meisterstück in die Geschäftsführung aufgenommen, unterliegt der Schweigepflicht, schaltet gezielt die Konkurrenz aus und kauft staatliche Amtsträger. Umgekehrt verhalten sich auch Topmanager oft wie Gangster. Vor Gericht haben beide die besten Anwälte.

Hipster [*hippsta*]: Jung, eitel, mittellos. Lebt in Berlin. Zumeist Prenzelberg. Verhält sich wie ein *Snob*, ohne über dessen Geschmack zu verfügen.

Hooligan [*huuligin*]: Ihr Ehrenkodex besagt, sich nur gegenseitig zu vermöbeln. Ist daran etwas auszusetzen?

Junkie [*dschanki*]: Legalize it! Dann können auch Heroinliebhaber endlich ein würdiges Leben führen. Das Verbot nicht-alkoholischer Drogen nützt ausschließlich Dealern, Drogenmafia, Taliban, al-Qaida und verirrten maoistischen Kämpfern in Kolumbien.

Mastermind [*maastameind*]: Chef mit IQ. Sehr selten.

Messie [*messi*]: Sammler mit zu wenig Platz.

Outlaw [*autloo*]: Gesetzloser. Aber ohne die Profitorientierung des *Gangsters*. Der Outlaw kämpft furchtlos für seine Liebe, die Freiheit oder die Armen. Er ist richtig *cool*. So wie seine Bezeichnung. Existiert leider nur im Film.

Peergroup [*piirgruup*]: Gruppe gleichgesinnter *Honks*.

Poor White Trash [*pur wait träsch*]: Arme weiße Unterschicht. In diesem Milieu gedeiht jede Art von Fremdenfeindlichkeit. Richtig gefährlich wird es aber erst, wenn die bürgerliche Politik diese Mentalität aufgreift. Liebe Konservative, bitte nicht dem Poor White Trash nachlaufen!

Punk [*pank*]: Fühlt sich als moderner *Outlaw*. Verachtet bürgerliche Normen und Regeln und zieht sein Ding durch. Das Antibürgerliche verdichtet sich leider blitzartig zu einer neuen Uniformität von Frisur, Kleidung, Musik und Haustier.

Selfmademan [*ßelfmäidmän*]: Henry Ford. Steve Jobs. Quentin Tarantino. Genau das macht die Faszination von Amerika aus: Menschen, die alles daransetzen, eigene Ideen zu verwirklichen, und damit Erfolg haben. In Deutschland geben dagegen 60 % der Abiturienten als Berufswunsch »Beamter« an. Achtung: Beamter sein ist keine Idee!

Snob [*snob*]: Versuch, jemand zu beleidigen, der klare Geschmacksurteile fällt und danach handelt. Verwendet von Leuten, die über keinen eigenen Geschmack verfügen.

Softie [*ßoffti*]: Mann mit großen weiblichen Anteilen, der sich wundert, dass er damit bei Frauen nicht ankommt. Softies haben ein Alleinstellungsmerkmal (→ *USP*): sie hören Frauen zu. Vor allem, wenn diese Frauen über die Männer jammern, die sie schlecht behandeln. Der Softie unterliegt dabei dem Missverständnis, dass Frauen an den Männern, über die sie jammern, nicht interessiert seien.

Sugar Daddy [*schugga däddi*]: Mann, der nicht aufgrund seines Aussehens oder Charakters von Frauen für gemeinsame sexuelle Aktivitäten ausgewählt wird. Gegenteil von *Toy Boy*.

Toy Boy [*toi boi*]: Junger Mann, der reichen und berühmten Frauen als Sexobjekt dient. Ein Stück Gleichberechtigung, äh, Entschuldigung: *Gender* Mainstreaming.

Underdog [*andadogg*]: Unterhund. Köter am unteren Ende der Hierarchie. Wie er sich langsam hochbeißt, davon handelt ein ganzes Spielfilmgenre.

Working Poor [*wöaking pur*]: Leute, die sehr viel arbeiten und trotzdem nicht davon leben können. Gegenteil von Erben: Leute, die sehr reich sind, ohne dafür gearbeitet zu haben.

>> Abkürzungs-Soziologie:

Dinkie: Double Income, no Kids
Er Radiologe, sie Psychoanalytikerin. 6-Zimmer-Altbauwohnung in Schwabing oder Eppendorf. Fernreisen nach Vietnam. Und die kriegen noch Ehegattensplitting? Finanzminister, hierher!

Doby: Daddy old, Baby young
Immer häufigere Familienstruktur. Und überall lauerndes Fettnäpfchen: Entschuldigung, könnten Sie bitte Ihren Enkel, äh, ich meine natürlich Ihren Sohn, ähem, pardon ...

Frog: Friends of Gerd (Schröder)
Darunter so fiese Figuren wie Carsten Maschmeyer vom Finanzdienstleister AWD. Oder Bert Rürup, Rentensenkungsexperte. Und wo landete Rürup nach Beendigung seiner Rürup-Kommission? Als Vorstand bei AWD. Frogs eben.

Fruppie: Frustrated urban Professional
Yuppie der 2010er-Jahre. Auf Deutsch: Generation Praktikum. Und noch 'n Praktikum. Und noch eins. Frustrierend.

Lohas: Lifestyle of Health and Sustainability
Ökös, Müslis, Postmaterialisten. Die Zielgruppe vegetarischer Imbissketten. Angeblich riesengroß. Trotzdem sind bislang alle vegetarischen Imbissketten in Deutschland pleitegegangen. Lohas, wo seid ihr?

Wasp: White Anglo-Saxon Protestant
Stellen die Präsidenten in den USA. Aber auch ein Katholik (Kennedy) und ein Afroamerikaner (Obama) haben es schon geschafft. Mesut Özil for President!

Yuppie: Young urban Professional
Junge, großstädtische Fachleute. Gegenteil der *Lohas*: Skrupellose BWLer, die für den Traum vom Porsche-Cabrio unsere Weltwirtschaft gegen die Wand fahren (siehe Richard Gere in ›Pretty Woman‹). Kommen aber bei Frauen geringfügig besser an als Lohas (siehe Richard Gere in ›Pretty Woman‹). Daran haben auch Attac und die Weltfinanzkrise nichts geändert.

DESASTER-DENGLISCH

Don't let me be misunderstood
WORÜBER ENGLÄNDER LACHEN

»Die Sprache ist die Quelle
aller Missverständnisse.«
La Rochefoucauld

Stellen wir uns einen Engländer vor, der nach Deutschland kommt. Zuerst wundert er sich über die vielen Wörter aus seiner Heimat. Und dann stutzt er. Da gibt es lauter Wörter, die die Deutschen anscheinend für Englisch halten. Die es im Englischen aber gar nicht gibt!

Das Handy ist das berühmteste Beispiel. Es heißt in England »mobile«, während »handy« das englische Adjektiv für klein und handlich ist. *Mobbing* ist auch so ein Fall. Der Engländer kennt es nur als »bullying«. Ein »old-timer« ist für ihn kein Auto, sondern ein Mensch. Auch die Wörter *Showmaster* oder »Twen« hat er noch nie gehört. Was soll ein »Hometrainer« sein? Ein privater Fitnesslehrer? Und wieso reden die Deutschen vom Rauchen, wenn sie ein »dinner-jacket« anziehen? Einen *Smoking* gibt es auf der Insel nicht. *Wellness* – was ist das? Der Engländer kennt nur »well-being«. Dafür weiß er ganz genau, was ein »rucksack« ist. Eine deutsche Rucksackfirma wollte aber unbedingt einen englischen Namen und verkaufte ihre Produkte als »body bag«. Nur – das ist in England ein Leichensack. Und warum bloß bewerben deutsche Cafés ihren »take-away-coffee« als »Coffee-to-go«? Das ist auf Englisch ein Kaffee-zum-Weglaufen.

Der englische Linguist Stephen Barbour prägte dafür den Ausdruck »German English«. Demnach ist Denglisch gar keine Variation des Deutschen, sondern eine Unterart des Englischen – die nur Deutsche verstehen.

Noch lustiger wird es, wenn Deutsche versuchen, sich das eigene Denglisch zu übersetzen. Schon drei Mal, 2003, 2006 und 2009, untersuchte die Kölner Markenagentur Endmark, ob und wie Deutsche englische Werbesprüche begreifen. Das Ergebnis war jedes Mal erschütternd. »Be inspired« von Siemens verstanden nur 15 % der Befragten, »One Group. Multi Utilities« von RWE nur 8 %. Was der Rest sich zusammenreimte, ist für die Firmen tragisch, für uns lustig:

Der Werbespruch ...	wurde leider u. a. so verstanden:
Be inspired (Siemens)	Inspiziert sein Bienen-Inspektion
Broadcast yourself! (YouTube)	Dein eigener Brotkasten! Füttere dich selbst!
Come in and find out! (Douglas)	Komm rein und finde wieder heraus!
Design Desire (Braun)	Designwüste Gestaltungsdesaster
Drive alive (Mitsubishi)	Fahre ein Leben Die Fahrt überleben
Driven by instinct (Audi TT)	Abdriften der Gefühle Triefen vor Gestank
Explore the city limits (Opel Antara)	Beachte die Stadtgrenze Explosionen an der Stadtgrenze

Feel the difference (Ford)	Viel Differenzial Ziehe die Differenz ab
Fly Euro Shuttle (Air Berlin)	Der Euro-Schüttel-Flug
Freedom of speech (Base)	Frieden der Geschwindigkeit Rede in Frieden
Impossible is nothing (Adidas)	Ein imposantes Nichts
Life by Gorgeous (Jaguar)	Leben in Georgien Leben bei Georg
Live unbuttoned (Levi's)	Leben ohne Knöpfe Lebendig angeknöpft
Make the most of now (Vodafone)	Mach meist nicht alles Mach keinen Most draus
One Group. Multi Utilities (RWE)	Viele Werkzeuge für eine Gruppe Eine Musikgruppe (die Multi-Utilities)
One of life's pleasures (Mars)	Ein Leben, bitte! Ohne Leben bitte
Powered by emotion (SAT1)	Kraft durch Freude Sexuell erregt sein
Sense and simplicity (Philips)	Sinn und Einfalt Denke simpel
Shift the way you move (Nissan)	Verschiebe deinen Bewegungsstil Schiebe den Weg und du kommst voran
Taste tuned (Karlsberg)	Geschmacksverstärker Teste und trinke

There's no better way to fly (Lufthansa)	Da ist keine bessere Route Es gibt keine besseren Fliegen
We are drivers too (Esso)	Wir sind zwei Fahrer Wir fahren auch zu
Welcome to the Beck's Experience (Beck's)	Willkommen beim Beck's Experiment
World's Pleasure Authority (Magnum)	Die Behörde für Bittsteller Für eine autoritäre Welt

Wir geben übrigens zu: Wir wissen auch nicht, was »live unbuttoned« bedeuten soll.

McDonald's, Douglas und SAT1 stellten nach der ersten Endmarkstudie von 2003 auf deutsche Werbesprüche um: »Ich liebe es«, »Douglas macht das Leben schöner«, »SAT1 zeigt's allen«. Völlig unbeeindruckt gab sich dagegen die Marketingabteilung von Beck's. Dass nur 18% der Befragten den Slogan verstanden – egal! Ob Experiment oder Erlebnis – mit genügend Alkohol macht das ohnehin keinen Unterschied. Und Ford wechselte erst 2006 von »Besser ankommen« auf »Feel the difference«, was 45% nicht mehr kapierten.

Aber was macht Endmark eigentlich genau? Die Kölner Agentur entwickelt seit 1994 Werbesprüche und Markennamen, z.B. »Vox«, »Tiguan« und »Taff«. Und warum die Studien? Chef Bernd Samland erläutert: »Häufig wollen sich mittelständische Unternehmen an den Großen orientieren, indem sie bewusst einen englischen Claim wünschen. Deshalb haben wir besonders stark umworbene Claims ausgesucht, um einmal empirisch deren Rezeption zu untersuchen.« Wir übersetzen: Samland war tierisch genervt, dass seine Kunden immer englische Namen und Sprüche verlangten. Und versuchte, den Kunden mit seinen Studien zu beweisen: Niemand kapiert das. Alle missverstehen das. Lasst das sein!

Die Pointe: Gehen Sie mal auf www. endmark. de. Der Kronzeuge für die Sinnlosigkeit denglischer Werbung preist seine Firma als Agentur für »Claims und Wordingkonzepte«. Und zählt stolz die von ihnen erfundenen Wortmarken auf: »Bestmed«, »Chillventa«, »Giro4Free«, »goDentis«, »Kiddinx«, »milkmoon«, »custom sports«, »parship«, »seekport«, »Wonderwind«. »Tank&Rast« wurde von Endmark umbenannt in »Serways«. Wenn Endmark den Wahnsinn nicht stoppen kann – wer dann?

No-Gos

DIE 18 SCHLIMMSTEN DENGLIZISMEN

Wir! Wir legen unser Veto ein. Hier kommt unsere Blacklist. Personen, die diese Worte weiterhin verwenden, werden wir bei Facebook mobben, in unserem *Blog dissen* und auf der Straße meiden. Also: Stopp! In the name of the schöne deutsche Sprache. In alphabetischer Reihenfolge:

1. ***4u***. Soll heißen: for you. Also: für dich. Leute, das ist nicht mal pseudo-cool! Dieses ganze »Citytrips4u«, »Latzhose4u« und »Gebissreiniger4u« ist einfach nur peinlich! Genauso wie der Berliner Musikerverein »all2gethernow«. Oder die DB-Aktion »Rad4me«. Das Einsetzen von Zahlen für englische Wörter ist untersagt!
2. ***Business Punk***. So heißt allen Ernstes eine Zeitschrift von Gruner&Jahr. Im Editorial heißt es: »Während sie Millionen machen, tobt eine Bestie in ihnen. Ihre Attitüde ist immer ein Whatever und mitunter ein dröhnendes, breit grinsendes Fuck you.« Auf dem ersten Cover fletscht Olli Kahn die Zähne, ein echter Business Punk. Was ist aus ihm geworden? Ein säuselnder, wohlangezogener Sidekick in ZDF-Fußballsendungen. Liebe G&J-Marketing-Heroes: Macht bitte mal den Test. Stellt Olli Kahn den Ton ab und dreht die Punkhymne von Slime auf: »Wir woll'n keine Bullenschweine!« Fällt euch was auf?
3. ***Claim***. Liebe Firmenchefs: Investiert euer Geld in gute Produkte! Und nicht in dämliche Claims.
4. ***Ebbe und Food***. Heißt ein Restaurant auf Sylt. Denglische Wortspiele sind nämlich ein echter Burner: »Fairteilen, Fairständnis, Fairgeben« wirbt das Diakonische Werk. »Chari-Tea« bietet mein Frühstückscafé an. Und wie heißt die Produktionsfirma von Reinhold Beckmann? »Beckground«. Was sagt Humortheoretiker John Vorhaus: »Die beste Reaktion,

auf die man mit einem Wortspiel hoffen kann, ist ein Stöhnen. Die allerbeste Reaktion, auf die man hoffen kann, ist ein lautes Stöhnen.«

5. **Event**. Dieses Wort ist einfach nur durch und sollte generell nicht mehr verwendet werden. Wie wäre es mit »Fest«, »Feier« oder »Hingeher«? Selbst »Happening« ist noch besser. Oder schlicht »Abendveranstaltung«. Aber bitte nicht ersetzen durch die noch übleren Begriffe *Incentive*, *Kick-off* oder *Roadshow*.
6. **Gender**. Nervt kolossal. Ja, ihr habt Judith Butler gelesen, das glauben wir euch auch so. Wird nur noch getoppt durch »Gender Mainstreaming« und den damit zusammenhängenden »Equal Pay Day«. Was soll das alles? Wir haben den Feminismus, die Frauenbewegung, die Gleichstellung, den Geschlechterkampf und die Emanzipation. Und das ist alles hundert Mal besser als »Gender«! Im Übrigen, liebe Frauen, inzwischen habt ihr schon zehn Jahre mehr Lebenserwartung als wir, und Mädchen haben Jungs in Schule und Uni kilometerweit überholt. Könnte sich eure Gleichstellungsbeauftragte mal zehn Jahre lang nur um Jungs kümmern?
7. Der **Genitiv-Apostroph**. Diese Windmühle geben wir nicht verloren. Es heißt nicht: »Martha's Wurstbude«. Sondern: »Marthas Wurstbude«! Den Genitiv-Apostroph gibt es nur drüben, jenseits des Ärmelkanals. Wir benutzen einen Apostroph nur, wenn wir einen Buchstaben weglassen!
8. **Happy**. »Ich bin so superhappy!«, ist schlimm genug. Noch nerviger sind Kombinationen wie »Happy Meal«, *Happy Hour*, »Happy Shirt«, »Happy Shopping«. Wir haben nichts gegen Glücksversprechen. Aber nicht so!
9. **Infotainment**. So wie dieses Buch hier. Grauenhaft. Wir wollen Adorno zurück!
10. **Kids**. Führt bei kidreichen Eltern zu akutem Brechreiz. Liebe Werber, habt Mitleid, denkt euch was Neues aus. We are not kidding!
11. **Komm Hair**. Kleiner Test: Welche der folgenden Friseursalonnamen sind echt und welche haben wir uns ausgedacht? »United Haartists«, »Hairport«, »Hair Inn«, »Komm Hair«, »4 You Haare«, »House of Hair«, »Hairliche Zeit«, »Hair-Line«,

»Hair&Flair«, »Open Hair«? Richtig: Alle sind echt. Liebe Haarkünstler: nie wieder! wollen wir denglische Wortspiele über euren Haarstudios sehen. Wir empfehlen stattdessen: »Karl-Heinz Locke, Damenfriseur«. Der Mann ist für seinen Beruf geboren.

12. *Location*. »Ziemlich coole Location hier!« Dass der Wichtigsprech von *Event-Managern* mit Zuhälter-Look in die Allgemeinsprache vordringen konnte, ist erschütternd. Unsere Opas sprachen noch vom »Lokus«. Und genau dahin gehören »location« und die noch schlimmere Variante »Venue«.
13. *Lounge*. Dieses grauenhafte Wort wird nicht besser, indem man es mit anderen Gruselwörtern kombiniert: »Hair Lounge«, »Coffee Lounge«, »Action-Chill-Lounge«, »Homebase Lounge Berlin«. Es hat sich ausgelounged! Was soll das bitte überhaupt sein?
14. *Macht Sinn*. Nein, macht keinen Sinn. Stop making sense! Im Deutschen ist etwas sinnvoll, hat einen Sinn oder ergibt Sinn. Die Eindeutschung von »make sense« ist sprachlicher Horror. Höhepunkt ist der klerikale Werbeslogan »Kirche macht Sinn«. Nein, eben nicht! Sigmund Freud hat in ›Das Unbehagen in der Kultur‹ alles dazu gesagt.
15. *People-Journalismus*. Da kann man sich wirklich nicht entscheiden: Was ist schlimmer – das Wort oder die Sache selbst?
16. *Shop, shoppen, Shopping*. Wir geben es zu: Wir lieben Läden. Wir gehen auch gerne einkaufen. Aber »Shop« reimt sich auf »Flop«, »shoppen« auf »foppen«, »geshoppt« auf »bekloppt«.
17. *Sonne-Wolken-Mix*. Liebe Wetterfrösche, ein für alle Mal: Es gibt keinen Sonne-Wolken-Mix! Entweder die Sonne scheint oder der Himmel ist bewölkt. Alles klar?
18. *&more*. »Mehr, mehr!, sprach der kleine Häwelmann.« Bloß was denn? Liebe Einzelhändler, überlegt euch doch einfach mal genau, was ihr verkaufen wollt. Und dann schreibt es auf das Schild überm Eingang.

LOST IN DENGLISCH

Wir sind sehr weit gekommen. Wir haben alles übersetzt, das Schöne, das Schlimme und das, was bislang keine Sau verstanden hat. Bleiben die Fragen, für die sich nur *Nerds* interessieren: Wieso denglifiziert sich alles andauernd? Seit wann geht das so? Und wird es noch mal besser?

Tell me why!
SEHR KURZE THEORIE DER DENGLIFIZIERUNG

2010 gewinnt *Satellite* den Eurovision Songtest. Lena Meyer-Landrut singt das Lied in einem Englisch, das wirkt, als sei sie in einem Londoner Arbeiterviertel aufgewachsen, und nicht in Hannover. »This is so absolutely ossip!!«, ruft sie verzückt in die Kameras.
1487 krönt der deutsche Kaiser Friedrich III. den Dichter Conrad Celtis zum Poeta laureatus: einen Deutschen, der ausschließlich lateinisch dichtete und Deutsch als barbarisches Gemurmel verabscheute.

Ist das ein Grundmotiv unserer Geschichte – Selbstverleugnung plus Überanpassung? Ist das der Grund für die Denglifizierung? Walter Krämer und Wolf Schneider haben ganze Bücher mit dieser Behauptung gefüllt. Dabei ist der Gedanke selbst schon wieder reichlich deutsch. Denn erstens: Hatte Celtis nicht recht – war das Deutsch seiner Zeit nicht tatsächlich noch barbarisches Gemurmel, verglichen mit Ciceros Latein? Und warum sang Lena auf Englisch? Weil es alle verstehen! 20 von 24 Nationen machten es so wie sie. Spezifisch deutsch kann das nicht sein. ABBA sangen auch nur englisch und erzielten ihren Durchbruch in Australien – leiden die Schweden also unter Selbsthass?

Die Selbstverleugnungs-Theorie hat einen winzigen Mangel: Sie haut nicht hin. Warum sonst singen die erfolgreichsten deutschen Bands und Sänger auf Deutsch? Grönemeyer, Maffay, Westernhagen, Die Ärzte, Tokio Hotel, Rammstein? Warum ist deutscher *Hip-Hop* mit ausgefeiltester Sprachkunst extrem erfolgreich, von Fanta4 über Fettes Brot bis zu Peter Fox? Walther von der Vogelweide wäre stolz auf seine Nachfolger. Element of Crime sind auch ein schönes Beispiel. Sven Regeners Truppe verkaufte ab dem Moment Platten, als sie von Englisch auf Deutsch umstellten.

Die zweite Theorie: persönlicher Austausch. »Linguistisch betrachtet ist Denglisch ein Phänomen des Sprachwandels, verursacht durch Sprachkontakt. Voraussetzung hierfür sind geografische Nähe und Kommunikation über die Grenzen der Sprachgemeinschaft hinweg«, so Claudia Jahn. Aha! Sprachkontakt. Geografische Nähe. Ist Denglisch also über den Kanal geschwommen? Oder über den Atlantik? Oder haben die 97 560 Engländer in Deutschland uns infiltriert? Merkwürdig: Die zwei Millionen Türken, die bei uns leben, haben den 500 000 deutschen Wörtern nur ein einziges hinzugefügt: Döner. Die 500 000 polnischen Einwanderer kein einziges. Was bedeutet das für die Sprachkontakt-Theorie? Sie ist ein Totalausfall.

Also: Wie kommt es zur Denglifizierung? Wieso zählen wir inzwischen über 10 000 Anglizismen, wenn doch 60 % der Deutschen kaum oder gar kein Englisch sprechen? Und im besten Falle Foodwatch für eine Ernährungsuhr halten?

Die Erklärung liefert ausgerechnet ein Franzose: der Kultursoziologe Pierre Bourdieu. In seinem Buch ›Die feinen Unterschiede‹ zeigt er, dass in unserer Gesellschaft neben Geld zunehmend etwas anderes zählt. Er nennt es kulturelles und symbolisches Kapital. Geschmack, Sprache und Mode sind demnach nicht zufällig. Und auch nicht unsere ganz persönliche Entscheidung. Sie drücken vielmehr aus, wo wir sozial stehen und stehen wollen. Bestimmte Verhaltensweisen versprechen einen »Distinktionsgewinn«: eine Gucci-Brille tragen, ein Suhrkamp-Buch lesen, ein I-Pad nutzen. Wer auch immer neue englische Vokabeln in seine deutsche Sprechweise einfügt, hebt sich ab. Er genießt den kurzen Moment, in dem sein Gegenüber ihn nicht versteht. Er präsentiert sich als souveräner Teilhaber der wichtigsten internationalen Verkehrssprache. Und als eingeweihter Insider seines sozialen Milieus: ob Werber, Popmusiker, Teenie oder Unternehmensberater. Das verschafft ihm Sozialprestige. Und zwar gerade weil Englisch kein Allgemeingut ist. Es hat ja auch nicht jeder ein I-Pad.

Und woher dieses ungeheure Prestige? Warum wertet Englisch Dinge und Personen auf? Wir fürchten, die Antwort darauf ist sehr naheliegend: weil Elvis, die Beatles und Michael Jackson die Größten sind. Weil Jazz, Soul und Hip-Hop mehr Menschen berühren als Schönberg und Rihm. Weil die Amerikaner die besten Filme und TV-Serien der Welt drehen. Weil Brad Pitt und George Clooney sexy und smart sind. (Nein, Till: du nicht!) Weil Joanne K. Rowling und J.R.R. Tolkien die Epen unserer Zeit verfasst haben. Und weil der American Way of Life keine deutsche Erfindung ist. Und der britische Humor auch nicht. Schade eigentlich!
Trotzdem gibt es einen Trost für alle, die unter der Denglisch-Invasion leiden. Auch wenn Sie es sich nicht vorstellen können: Es war alles schon mal viel katastrophaler!

History

ALS ALLES NOCH VIEL SCHLIMMER WAR

Die 6,9 Milliarden Menschen auf dieser Erde sprechen ungefähr 6500 Sprachen. 1,4 Milliarden sprechen Chinesisch. 121 Millionen sprechen Deutsch. 6 Millionen sprechen Slowakisch. 300 000 sprechen Isländisch. 66 000 sprechen Rätoromanisch. Und noch zweihundert Menschen im Nordosten Sibiriens sprechen Jukagirisch. Warum machen gerade wir Deutschen uns so viele Sorgen um unsere Sprache?

Der Sprachhistoriker Karl-Heinz Göttert meint: weil wir das einzige Volk in Europa sind, das sich nicht nach seinem Land oder seiner Herkunft benannt hat, sondern nach seiner Sprache. Und was für eine Sprache war das damals? Eigentlich gar keine. Ein Sammelsurium an Mundarten. Ein Gossendialekt von Analphabeten, gesprochen von primitiven Stämmen, die es mit den Kulturvölkern des Mittelmeeres nicht aufnehmen konnten. Über Jahrhunderte war Deutsch von einer Kultursprache so weit entfernt wie Lothar Matthäus vom Literaturnobelpreis. Weswegen wir auch von seinen Anfängen so gut wie nichts wissen, außer, dass es mehrere Lautverschiebungswellen durchlief, die es aufspaltete in Niederdeutsch im Norden und Mittel- und Oberdeutsch im Süden und Osten. Die Niederdeutschen haben den Übergang zu den Diphtongen im 15. Jahrhundert verpasst: sie sagen immer noch Fru statt Frau und Hus statt Haus.

Geschrieben und gedruckt wurde bis in die Frühe Neuzeit nur Latein. Es war die Sprache der Gebildeten, des Klerus, der Kanzleien und des Adels. Deutsch war die Bauernsprache. Die erste ›Deutsche Rechtschreibung‹ kam erst 1645 heraus, das erste deutsche Wörterbuch 1691. Der erste und einzige deutschsprachige Bestseller blieb über Jahrhunderte eine Übersetzung: Luthers Bibel. 1522 erschienen, verkaufte sie sich bis zu Luthers Tod allein

500000 Mal, bei 12 Millionen Einwohnern. (Goethes ›Faust‹ fand 300 Jahre später nicht mal tausend Abnehmer.) Luther schaffte fast im Alleingang, was die Politik bei 3000 deutschen Territorien nicht leisten konnte: dem Deutschen eine einheitliche Form zu geben.

Deutsch als Hochsprache, als Wissenschaftssprache durchzusetzen, war noch viel mühsamer. Leibniz forderte in zwei Schriften eine deutschsprachige Wissenschaft, veröffentlichte aber bis zu seinem Tod ausschließlich auf Latein und Französisch. Die Preußische Akademie der Wissenschaften, 1700 gegründet, sprach unter seinem Vorsitz Latein. Und ihre Neugründung 1744 Französisch – so wie ihr Reorganisator, Friedrich der Große. Das ist so, als würde Angela Merkel ihre Reden in breitem Amerikanisch halten.

Die Italiener entwickelten das Bankenwesen, die Musik und die Architektur, die Holländer die Gartenkunst und die Franzosen Militär und Mode. Und sie prägten die Sprache für diese Bereiche – in ganz Europa. Deutsch hinkte hinterher.

Es waren Einzelne, die in einem typisch deutschen Eifer unsere Sprache ausbauten und Anschluss hielten. Philipp von Zesen zum Beispiel, der 279 (!) Bücher schrieb und unzählige deutsche Wörter erfand: den »Abstand« für die Distanz, die »Bücherei« für die Bibliothek und den »Gesichtserker« für die Nase. Joachim Heinrich Campe ersann gar 11000 neue deutsche Wörter, von denen wir 300 noch benutzen: vom Erdgeschoss (für Parterre) über das Feingefühl (für Takt) bis zur Hochschule (für die Universität).

Diese Leute waren Pioniere. Aber von Anfang an mischte sich in die Verteidigung des Deutschen ein gereizter, beleidigter Ton. Justus Schottel unterstellte dem Französischen eine Tendenz zur »Gauckeley«. Jacob Grimm schmähte die »kreischenden, auffahrenden Franzosen«. Ernst Moritz Arndt plante eine »Gesellschaft für die Verbannung und Vertilgung der französischen Art und Sprache«, um »teutsche Kraft und Zucht« zu befördern. Und der

Erzreaktionär Friedrich Ludwig Jahn (genau: der Turnvater) erfand den Kampfbegriff »Fremdwort«, um als selbsternannter »Sprachfeger« dagegen zu Felde zu ziehen.

Der »Allgemeine Deutsche Sprachverein« von 1885 prägte den Leitspruch: »Gedenke, wenn du die deutsche Sprache sprichst, dass du ein Deutscher bist!« Und erstellte Eindeutschungslisten für alle Lebensbereiche, beginnend mit Lebensmitteln (»eingedickte« statt kondensierte Milch) über Heilkunde und Verwaltung bis zu den Monaten: Aus dem Februar sollte der »Hornung« werden, aus dem April der »Ostermond«. Auch an Goebbels, dem Propagandaminister der Nazis, übte der Verein später Kritik: Er solle sich doch bitte »Werbeminister« nennen. Und die Konzentrationslager in »Zwangslager« umtaufen.

Nach dem Zweiten Weltkrieg kam die dritte übermächtige Weltsprache zu uns: Englisch. Schon *Cowboy*, *Comic* und *Cocktail* waren nicht nur Wörter, sondern ein Lebensgefühl. Erst recht *Flower Power* und *Petting* in den 60ern mit ihrem Motto: *Make Love not War*. In den 90ern beschleunigte sich die Denglifizierung rasant. Und es gab eine entscheidende Neuerung: Heute sprechen wir englische Wörter, die wir übernehmen, auch englisch aus – wodurch sie auf Dauer als Anglizismen kenntlich bleiben. Unsere Großväter liebten den »Jatz«, wir hören »Dschääs«. Wer weiß schon, dass Pullover und Bluff englische Wörter sind? Kaum jemand. Weil wir sie deutsch aussprechen. Heute sagen wir nicht saale, sondern ßäil. Wir wollen eben alles richtig machen. Deshalb bekommen wir aber auch auf Dauer jenen phonetischen und lexikalischen Mischmasch, den wir Denglisch nennen.

Dagegen helfen auch die Eindeutschungsvorschläge des »Vereins deutsche Sprache« nichts: »Startuhr« für Countdown, »Prallkissen« für *Airbag*, »Glückstopf« für *Jackpot*. Möchte so irgendjemand reden? Und auch eine beleidigte Sprachpolitik in Brüssel kann nur hilflos wirken. Wenn 51 % der EU-Mitglieder englisch sprechen und nur 32 % deutsch, dann ist es schon in Ordnung, wenn Englisch die Arbeitssprache der EU ist. Auch wenn wir die größten Nettozahler sind.

Nein, Grund haben wir nicht zur Empörung, sondern zum Mitleid: mit den Franzosen. Französisch war mal DIE Weltsprache. Was ist daraus geworden? Nur noch 28 % der Europäer sprechen französisch. Weltweit sind sie abgerutscht auf Platz 11. Hinter Deutsch! Und nur noch 8 % unserer Fremdwörter holen wir von unseren westlichen Nachbarn. Bonjour Tristesse! Dagegen haben 800 deutsche Wörter es ins Ausland geschafft: Amerikaner besuchen den »kindergarten«, Engländer bestaunen das »wunderkind«, und Finnen machen eine »kaffeepausi«.

Die Wege der Sprache sind wunderbar. Den *Walkman* haben die Japaner erfunden. 80 % der Anglizismen haben lateinische, griechische oder romanische Wurzeln. Und viele sind Internationalismen, wie Karl-Heinz Göttert nachweist: »Den deutschen *Tourismus* gibt es als englischen *tourism,* französischen *tourisme*, spanischen *turismo*, niederländischen *toerisme*, dänischen *turisme*, polnischen *turystiyke* und so weiter.« Eine europäische Sprache – ist das eine Vision? Zumindest könnte die EU so ein paar ihrer 3500 Dolmetscher einsparen.

Bei aller Liebe zu Verschwörungstheorien: Es gibt keinen Sprachimperialismus. Es gibt nur immer mehr Leute, die immer öfter Denglisch talken. Freiwillig! Und sich dadurch als Insider outen. Und die wir oft nicht mehr verstehen. Besser gesagt: verstanden. Denn wir haben diesen ganzen Wust ja übersetzt. Genau, Wust! Das Wort ist übrigens eine Erfindung. Von Joachim Heinrich Campe. Aus dem Jahre 1807.

FUTURE-DENGLISCH

Denglisch, ein Sommermärchen –
EIN PLÄDOYER FÜR MEHR ENTSPANNTHEIT

Stop! Bzw. stopp (neue Rechtschreibung)! Hört auf zu nörgeln, das ist uncool und turnt ab ... äh, törnt up. Nee, down. Ist das nicht wieder typisch deutsch? Dieser Kulturpessimismus? Dieser Untergang des Abendlandes (von der Unverschämtheit mal abgesehen, dass England ja durchaus zum Abendland dazugehört)? Sind die Hunnen bereits kurz vor Wien, weil einer Comedy statt Klamauk sagt? Ist Goethe vergessen, weil ein paar Jugendliche einen Poetry-Slam veranstalten? Ist es nicht vielmehr hochinteressant, dass gerade die heftigsten Kritiker des Denglischen sich mit Fremdwörtern schmücken, wie ein becrackter Raver auf der Love-Parade. Kurz: Ist Latein besser als Englisch?

Wenn ein Agrarökonom mit dem Traktor seinen Acker bestellt, hat er genauso viele Fremdwörter verwendet wie ein Teenager, der seine Inliner pimpt (ja, auch »acer« ist ein Fremdwort und kommt aus dem Lateinischen). Die meisten wissen gar nicht, wie viel Latein, Griechisch und Französisch in unserer Sprache steckt! Wir sprechen doch nicht mehr wie der Germane Roderick der Reinliche während der Völkerwanderung!

Versuchen Sie mal den Satz »Der Chirurg steht auf dem Balkon, raucht klammheimlich eine Zigarette und genießt den Anblick seines neuen Autos in der Garage« auf »Deutsch« zu sagen:
»Ein Aufschneider steht auf dem Überstand, raucht heimlichheimlich eine Rauchware und genießt den Anblick seines neuen Fahrzeugs im Unterstand.«

Tut das not? Wird dadurch die deutsche Sprache schöner? Sind nicht vielmehr Begriffe wie Melancholie, Idylle, Erektion und Schokolade von einer wunderbaren, ja fast sinnlichen Schönheit? Und es tut mir leid, aber wenn ich etwas mit *cool* bezeichne, dann beschreibt dieses Wort einfach perfekt das, was ich in dem Augenblick fühle. Warum krampfhaft nach einem deutschen Wort suchen?

Jetzt werden manche entgegnen, dass die Blender ebenso krampfhaft nach überflüssigen denglischen Begriffen suchen. D'accord, aber wer will hier richten. Wollen wir eine Kommission bilden, die den Leuten vorschreibt, was sie sprechen sollen? Einen Untersuchungsausschuss »Denglisch«?
Rave, Handy und Poetry-Slam sind erlaubt, weil es keine anständige Übersetzung gibt, aber down-to-earth, Controller und Computer sind verboten, weil es im Deutschen bodenständig, Buchprüfer und Rechner gibt? Na, viel Spaß! Schreibt uns diese Kommission dann auch irgendwann vor, was wir anziehen sollen? (Sollte irgendjemand diese schrecklichen Leggins verbieten, würde mich das allerdings freuen.)

Seien wir doch einfach gute Demokraten und lassen die Leute so sabbeln, wie sie sabbeln wollen. Es wird schon etwas Schönes dabei rauskommen. Und wenn jetzt jemand immer noch das tiefe Bedürfnis hat, die Schönheit der deutschen Sprache von heute zu konservieren, kann er sich ja gleich morgen früh alle Neuerscheinungen dieses Jahres in der Buchhandlung bestellen und in 50 Jahren wieder hineinschmökern. Er wird sich wundern, was sich bis dahin alles verändert hat. Sprache bleibt nicht stehen. Ansonsten einfach Goethe kaufen, lesen und genießen. Da kommt bestimmt nicht das Wort »uncool« vor.

Spoken Spam – **EIN PLÄDOYER GEGEN DIE KALKULIERTE UNVERSTÄNDLICHKEIT**

Das Wichtigste zuerst: Ein Wort mit Migrationshintergrund ist noch lange kein »Fremdwort«. Nehmen wir das Wort »Trick«. Es hat englische Großeltern. Aber es lebt seit Jahrzehnten in Deutschland. Jeder kennt es, versteht es, benutzt es. Es ist ein deutsches Wort. So wie Chirurg, Balkon, Zigarette und Garage. Zu »Fremdwörtern« gehört, dass sie uns irgendwie fremd wären. Was sie aber nicht sind! Test, Stop, Sex oder Film sind wundervoll knackige deutsche Wörter. Mit englischer Herkunft. Sie sind kein Denglisch.

Denglisch ist es, wenn ein Fahrradladen sich »Bicycle Retail Outlet« nennt, wenn ein Optiker seine Brillen als »Eyewear« verkauft oder eine Auskunft in »Service Point« umgetauft wird. Denglisch ist Imagegewinn auf Kosten allgemeiner Verständlichkeit. Mein Onkel nahm mich neulich beim Einkaufen beiseite: »Sag mal – was bedeutet eigentlich überall dieses *Sale*?« Er ist gutsituierter Rentner mit Hauptschulabschluss. Er kann kein Englisch. So wie ihm geht es vielen. Und jetzt bitte kein Hochmut! Ein studierter Freund von mir wollte Geld anlegen. Sein Finanzberater überredete ihn zu einem Aktiensparplan. Aufgrund des *Cost-Average-Effects* könne er dabei nur gewinnen. Nach sieben Jahren wurde das Geld fällig, die Aktien standen im historischen Tief, und er verlor sein Geld – trotz Cost-Average-Effect. Einige tausend Experten verstehen diesen Fachbegriff. Aber Hunderttausende lassen sich durch so eine imponierende Wortblase dazu verleiten, ihr Geld zu verspekulieren. Wie nennt man das: Beratung? Bauernfängerei? Betrug?

Und das betrifft nicht nur Banken. Haben Sie mal versucht, einen Rechner, einen Flachbildfernseher oder ein Keyboard zu kaufen, ohne vorher Fachzeitschriften zu lesen? Lohnt es sich wirklich nicht, für 121 Millionen Deutschsprechende das englische Fachvokabular zu übersetzen? Und warum ist ein *Townhouse* gleich doppelt so teuer wie ein Reihenhaus?

Völlig richtig: Wir brauchen keine Kommissionen. Viel besser: Nerven Sie jeden Bankberater und Saturnverkäufer so lange, bis er Ihnen jeden einzelnen englischen Begriff verständlich erklärt hat. Wenn man Ihnen im Reisebüro das Happy Wellness Spa&Beauty Resort an der Ostsee anpreist – lachen Sie kurz auf! Deutsch ist die Wortbildungssprache schlechthin – erfinden Sie jeden Tag eine originelle Übersetzung. Ordern Sie in der Bar ein Fliegendes Känguru oder einen Strandknutscher. Erfreuen Sie sich am Gesichtsausdruck des McDoof-Mitarbeiters, wenn Sie ein Glücksmahl bestellen. Und genießen Sie im Übrigen Gaumenschmeichler wie *Dreamteam*, *Toy Boy*, *Think Tank* und *Latin Lover*. Manchmal ist Denglisch pure Musik.

OUTLOOK

Bringen wir es auf den Punkt: Wir sind ein anglophiles Volk. Wir quatschen gerne Englisch. Wir möchten weltoffene Kosmopoliten sein und nicht beschränkte Nationalisten. Und das ist doch sehr sympathisch, wenn man bedenkt, dass unser Global Citizenship lange darin bestand, wehrlose Nachbarländer zu überfallen. Und deshalb wird es auch immer mehr Anglizismen geben. Deutsch goes Denglisch! Und Sie, liebe Reader, werden sich alle erweiterten Auflagen dieses Buchs kaufen müssen.

Was wird da drinstehen? Wir haben darüber nachgedacht. Und legen uns fest. So wird sich Denglisch in den nächsten Jahren entwickeln:

1. Trendsetter im Jugendsprech ist das Wort *Clubbing*. An das englische Substantiv wird die Nachsilbe -ing angehängt, die es im Deutschen nicht gibt. Deshalb wirkt das Wort besonders denglisch – und sehr cool. Spätestens 2014 werden die Kids daher von Cocktailing, Popcorning, Lounging und Concerting sprechen.
2. Vom Jugendslang werden die Ing-Wörter in die Marketingsprache überschwappen, sodass man ab 2016 von Handouting, Papering, Computering, Workshopping und Newspapering reden wird. 2018 folgt der Übergang in die Alltagssprache: Bedding (schlafen), Dinnering (essen), Theatering (ins Theater gehen), Sorrying (entschuldigen), Footing (gehen).
3. Avantgarde-Kids werden die Ing-Vokabeln erweitern durch die Nachsilben -mäßig und -technisch: »Popcorningtechnisch war das Kino voll gechillt.« – »Loungingmäßig war da nichts am Start.«
4. Andere Leitprägungen sind beachen, sexen, talken oder downloaden. Deutsche Verben werden allmählich ver-

schwinden. Wir werden papern, readen, handouten, drinken, watchen, speechen und smoken.

5. Aus den englischen Stammsubstantiven werden sich analog zu *trendy* oder *sexy* denglische Adjektive bilden: loungy (entspannt), clubby (verrucht), shitty (beschissen), speechy (redselig) und drinky (betrunken). Oder durch Vorsilben: »Ist voll gelounged, Digger, aber etwas versmoked.« Auch englische Vorsilben sind möglich: »Bin etwas overdrunk. Aber noch ondancy. Und updrivy.«
6. Englische Vornamen breiten sich aus. Buch- und Filmtitel werden generell nicht mehr übersetzt. 2020 werden alle Geschäfte englische Namen tragen. Wir kennen jetzt schon Hair Company, Private Banking, Coffee Fellows und Copyshop. Bald kommen der Book Store, die Bread Company, Cakes&Cookies, Cleaning Unlimited, Fresh Market, Kitchening Buy-out, Shampoo&More, Barbershop, Electronic Planet und Clothing Paradise.
7. Auch bei Konsumgütern wird Denglisch sich durchsetzen. Mittlerweile gibt es keine Getränkekarte mehr ohne Cranberryschorle, dafür kennt niemand das Wort Moosbeere. Unsere Kinder werden keine Äpfel und Pfirsiche mehr kennen, sondern nur noch *apples*, *peaches*, *tomatoes* und *cherries*. Elektronische Geräte werden schon heute ausschließlich unter englischen Bezeichnungen verkauft. 2023 werden alle Waren in Deutschland englische Namen tragen. Mein Onkel, der kein Englisch versteht, wird bis dahin hoffentlich eines natürlichen Todes gestorben sein. Sonst muss er verhungern.

Ein kleiner Trost bleibt. Das Hochdeutsche hat 500 Jahre gebraucht, um das Plattdeutsche zu besiegen. Und immer noch gibt es einige unverdrossene Dörfer in Dithmarschen, wo man ausschließlich Platt snackt. So wird es dem Hochdeutschen auch ergehen. Einige werden es weiter sprechen. Einige wenige. Sehr wenige.

Und wenn spätestens 2025 China die größte Wirtschaftsmacht der Welt wird ---

Maodsedong dengsiaoping hujintau!

LAST BUT NOT LEAST

WORK IN PROGRESS

Bevor es uns jemand vorhält: Dieses Buch ist nicht vollständig! Und kann es auch nicht sein. Business- und Marketing-Denglisch sind so umfangreich, dass allein diese Kapitel es auf 1000 Seiten gebracht hätten. Und dann erst Computer-Denglisch! Ein vollständiges Lexikon wäre 20 Kilo schwer gewesen und hätte 100 Euro gekostet. Und Sie hätten es nicht mehr gekauft.

Trotzdem träumen wir von einer XXL-Version. Und bitten um Ihre Mithilfe. Täglich tauchen fünf neue Denglizismen aus dem Nichts auf. Nennen Sie uns auf www.denglisch-survival-guide.de die lustigsten! Wir werden alles sammeln. Vielleicht entsteht daraus schon bald ein Volume II, eine Special Edition oder ein Survival Guide Reloaded.

Schreiben Sie uns bitte auch, wenn wir irgendetwas falsch verstanden haben. Manches ist aber auch ironisch gemeint. Und denken Sie daran: Das Haus der Sprache gehört allen, die darin wohnen. Es gibt keinen CEO, keinen Administrator und keinen Language Facility Manager.

THANX

Wir bedanken uns deeply bei unseren Frauen und Kindern für die Unterstützung während der Entstehung dieses Buches, we love you. Dicke Props gehen raus an alle bei dtv für Support & Understanding, especially an unsere Lektorin Katharina Festner for Geduld, Liebe, Fachkenntnis and a little bit of Hartnäckigkeit, when our Fantasy shot in the Kraut. Unser Dank gilt der besten Literaturagentin der Welt, Nina Arrowsmith und ihrer Arrowsmith-Agency. Eine real Source für unser History-Kapitel war das äußerst instruktive Buch ›Deutsch. Biografie einer Sprache‹ von Karl-Heinz Göttert. Unseren schreibenden Vätern Wolfgang Sieg und Frank Melzer verdanken wir unsere große Liebe zur deutschen Sprache. Ein phatter Dank geht an Nils Kedeinis for inspiration (dreh den Swag auf!) und vor allem an Jonas Hauke für seine 1001 Teenie-Denglisch-Vokabeln.

Chill, Digger. Peace!

Und der größte Dank gilt natürlich unserer Band LaLeLu und unseren Band-Homies Sanna Nyman und Tobias Hanf. We love to entertain with you.

ALL YOU CAN READ (FROM A TO Z)

C

F

G

S

U

V

W

X

Y

Z

BIBLIOGRAPHY

Stephen Barbour: Standardvariation im Deutschen und Englischen. In: Eichinger, Kallmeyer (Hg.): Standardvariation. Wie viel Variation verträgt die deutsche Sprache? Walter de Gruyter, 2005.

Kathrin Doeppner: Anglizismen in der deutschen Sprache. Grin Verlag, 2007.

Endmark: Warum viele englischsprachige Werbebotschaften nicht ankommen. Köln 2006.

Karl-Heinz Göttert: Deutsch. Biografie einer Sprache. Ullstein, 2010.

Ulrich Greiner: Ist Deutsch noch zu retten? In: Die Zeit, 7.7.2010.

Claudia Jahn: Do you speak Denglisch? Grin Verlag, 2010.

Michael Jürgs: Seichtgebiete. Warum wir hemmungslos verblöden. Goldmann, 2010.

Gerhard H. Junker (Hg.): Der Anglizismen-Index. Ifb Verlag, 2010.

Hans Leyendecker: Die große Gier. Korruption, Kartelle, Lustreisen: Warum unsere Wirtschaft eine neue Moral braucht. Rowohlt, 2009.

Thomas Niehr: Anmerkungen zu einer populären Anglizismen-Kritik oder: Von der notwendig erfolglos bleibenden Suche nach dem treffenderen deutschen Ausdruck. Habilitationsvortrag an der Uni Düsseldorf, 2002.

Mirja Pape: »Geschmack dreht dich um«. Unverständliche Werbeslogans. Spiegel Online, 16.10.2009.

Wolf Schneider: Speak German! Warum Deutsch manchmal besser ist. Rowohlt, 2008.

Sebastian Schnoy: Heimat ist, was man vermisst. Rowohlt, 2010.

Mathias Schreiber: Deutsch for Sale. In: Der Spiegel, 2.10.2006.

Sinus: Die Sinus-Milieus: Update 2010. Sinus Sociovision, 2010.

Heinz Strunk: Fleisch ist mein Gemüse. Eine Landjugend mit Musik. Rowohlt, 2009.

Thomas Tuma: Leben auf prächtig. In: Der Spiegel, 27.11.2006.